Ligurien

L

Doris Blum Jean Pierre König

GURIEN

Eine kulinarische
Entdeckungsreise
zwischen Olivengärten
und Mittelmeer

Rezepte, Restaurants, Produkte

AT Verlag

Inhaltsverzeichnis

Ligurien? – Vorwort 7
Wo das Mittelmeer beginnt – Einführung 8

Die Badekabinen sind frisch gestrichen. Die Olivenbäume blühen. 14

Besondere Oliven, eigenwillige Ölmüller 16
«La Via Romana», Bordighera, und seine Rezepte 22
«Lanterna Blù», Porto Maurizio-Imperia, und seine Rezepte ... 31
Bottarga, der andere Kaviar 36
Rosso wie Rossese 38
Wer sagt da «Pizza»? 40
Fisch auf ligurisch 42

Un gelato al limon. In den Olivenbäumen zirpen die Zikaden. 44

Im Schatten des Olivenbaums 46
«Dâ Casetta», Borgio-Verezzi, und seine Rezepte 52
«Canon d'oro», Badalucco, und seine Rezepte 57
«Da Claudio», Bergeggi, und seine Rezepte 60
«Ripieni» sind nicht blosse Füllsel 68
Basilikum, das Königskraut 71
«Sott'olio» oder das Baden im Öl als Methode 74
Weine zum Entdecken 76
Der Garten des Thomas Hanbury 78
Blumen, Palmen und ein deutscher Gärtner 80

Die Liegestühle werden versorgt. Die Oliven reifen. 82

Von Verkostern und was den Saft der Oliven so besonders macht 84
«La Mela Secca», Santa Margherita Ligure, und seine Rezepte 88
«San Giorgio», Cervo, und seine Rezepte 96
Der Fisch, der aus dem Norden kommt 105
Teigwaren sind in Ligurien zu Hause 107
Kastanien, Bohnen und Erbsen 109
Warum nur Adam von den Äpfeln naschte? 110

Leer liegen die Strände. Die Oliven sind reif. 112

Schwarze Oliven, flüssiges Gold 114
«Cucina & Vino Sola», Genua, und seine Rezepte 122
«Da Luchin», Chiavari, und seine Rezepte 129
Mit leicht verrutschter Schminke, aber immer la Superba 134
Mit der «Farinata» meldet sich der Winter 139
Scharf bewehrte Delikatesse 140
Das Salz charakterisiert den ligurischen Wein 143
Wo das Meer die Reben besprüht 144
Süsse Küsse von der Riviera 146

Karte von Ligurien 149
Adressen 150
Restaurants, Trattorien, Osterien 151
Hotels 150
Einkaufen 151
Dorffeste, Jahrmärkte und Messen 152
Weingüter und Vinotheken 152
Ölmühlen 153
Sehenswürdigkeiten und Museen 153
Fremdenverkehrsbüros 153
Glossar 154
Bibliographie 155
Rezeptverzeichnis 156

Ligurien?

Vorwort

Von Norden fahren täglich Züge in Richtung Genova–Ventimiglia. Sie fahren nach Ligurien. Nach Ligurien?

Bis in die sechziger Jahre war es schick, die Ferien an der Riviera zu verbringen – wie Lys Assia, Raf Vallone oder Anita Eckberg, sich am Strand von Alassio räkelnd, oder wie Europas Adel, immer erholungsbedürftig, «rien ne va plus», nächtens im Casino von San Remo. Die Generation der Protestmärsche setzte sich natürlich ab: Genova–La Spezia, auf die andere Seite der Riviera; nur sagten sie nicht «Riviera», sondern «Cinqueterre», und ihre Augen leuchteten, wenn sie von den unschuldigen Fischerdörfchen erzählten, und sie packten in ihr Gepäck nicht die flachen Strohhüte, sondern Schuhe zum Marschieren. Vieles hat sich geändert, geblieben ist die Tatsache, dass sowohl Riviera als auch Cinqueterre Ligurien sind. Aber kaum jemand scheint das zu wissen.

Uns packte die Sehnsucht nach Mittelmeer, Sonne und Piaggio. Nachdem uns die Herdfeuer des Piemont erwärmt hatten, war es naheliegend, hinter die Kämme der nächsten Hügel zu schauen. Diese entpuppten sich als eine Berglandschaft mit imposanten Pässen, die jäh zum Meer hin abfallen. Zuerst landeten wir im hoffnungslos scheinenden Stau von San Remo. Die Vespas und Piaggios zwängten sich zu Tausenden durch die Blechmasse der anderen Fahrzeuge. So schien es uns. Später merkten wir, dass der Stau gar kein Stau war, sondern normaler Alltag. Als nächstes fielen uns die Treibhäuser der Blumenzüchter auf. Keine beeindruckenden Villen, und die Palmen und Oleanderbüsche sahen auch recht mitgenommen aus. Ist das die Riviera?

Auch das ist sie, sagen wir und raten allen, die Clichés der Ferienprospekte zu vergessen und das wirkliche Ligurien zu entdecken. Das gilt ebenso für die andere Rivieraseite, für viele verkürzt auf «Cinqueterre». Wir fanden wunderbare Orte am Meer und im Hinterland, trafen einmalige Menschen, genossen die herrlichen Produkte der ligurischen Erde und des Meeres und, ja, wir gewöhnten uns sogar an den Stau, der nur so aussieht, als ob er einer wäre.

Weil der Olivenbaum Liguriens Gesicht geprägt hat, rücken wir ihn auch in unseren Schilderungen in den Mittelpunkt. Wir folgen seinem natürlichen Rhythmus von der Blüte im Mai, Juni bis zur Ernte im tiefen Winter und Frühjahr. Es ist ein Zyklus, der von den Jahreszeiten des Nordens abweicht, aber unsere Themen gliedert.

Danken möchten wir den vielen Menschen, die uns grossherzig aufnahmen, mit der ligurischen Lebensart vertraut machten und uns halfen, dieses Buch zu realisieren. Über Seiten sind sie die eigentlichen Autoren; wir haben versucht, sie mit Bild und Text anschaulich ins Spiel zu bringen.

Vorremmo ringraziare tutti i nostri ospiti liguri, tra quali tanti sono diventati degli amici. Ringraziamo del accoglienza aperta, dell'assistenza – tanto morale quanto tecnica – e del calore, che senza dubbio non è venuto tutto dal sole.

Kilchberg, 1998
Doris Blum und Jean Pierre König

Wo das Mittelmeer beginnt

Einführung

Ligurien ist ein derart schmaler Streifen, dass man ihn auf der Landkarte leicht übersieht. Es ist die drittkleinste Region Italiens – nach dem Aostatal und Molise. Sie unterteilt sich in vier Provinzen, die den Namen ihrer jeweiligen Hauptstadt tragen: Von Westen nach Osten sind dies Imperia, Savona, Genua und La Spezia. Die Hauptstadt Liguriens ist Genua, mit ihren rund 780 000 Einwohnern zugleich die grösste Stadt, gefolgt von La Spezia mit 107 700. Die ganze Region spannt sich in einem Bogen um den Golf von Genua, an dessen Scheitelpunkt die Kapitale liegt. Östlich von ihr dehnt sich die Riviera di Levante aus, die an die Toskana und die Emilia-Romagna grenzt, westlich die Riviera di Ponente mit dem Piemont und Frankreich als Nachbarn.

In der Frühgeschichte, so vermuten die Forscher, besiedelten die Ligurer einen Raum, der von den oberitalienischen Seen bis an die Küste des Mittelmeers und die Ufer der Rhone reichte. Heute drängen sie sich auf ihrem Land zusammen, namentlich an der Küste, wo neunzig Prozent der Bevölkerung wohnen. Vorschub leistet dem die Natur selbst, das heisst die Berge, die praktisch Dreiviertel der Region einnehmen. Hinzu kommt die stetige Abwanderung, möglichst weg aus den Tälern, die Aufgabe der Landwirtschaft zugunsten eines Fremdenverkehrs, der sich unter den Palmen von San Remo oder Alassio oder in den Jachthäfen von Portofino und Sestri Levante abspielt.

Liguriens natürliche Grenze bilden im Norden die Ausläufer der Seealpen – mit dem Monte Saccarello als höchstem Punkt (2200 m ü. M.) – und der ligurische Apennin. Wie ein Vordach legen sie sich über das tiefer gelegene Land und schützen dieses vor den kalten Luftströmungen aus der Poebene. Dadurch haben sie einen grossen Einfluss auf das ligurische Klima, das als sehr ausgeglichen gilt. Die Sommer sind nicht zu heiss, und die Wintertemperaturen sind mit

Savona ist eine alte Handelsstadt, geprägt durch ihre Verbindungen zum Piemont.

Die abfallende Küste mit den Buchten und Felsvorsprüngen gibt der Levante ihr typisch malerisches Aussehen.

jenen Süditaliens vergleichbar. Am verwöhntesten ist der äusserste Westen mit der Blumenriviera, die im letzten Jahrhundert von der europäischen High-Society entdeckt wurde. Bordighera zum Beispiel beherbergte um die Jahrhundertwende oft mehr Briten als Einheimische; und in San Remo hatte der Aufenthalt der Zarin Maria Alexandrowna eine Sogwirkung auf die Russen. Heute ist die mondäne Überwinterung an der Riviera eingeschlafen.

Liguriens Berge geben der Riviera auch zwei verschiedene Gesichter. In der Levante stürzen die Klippen unvermittelt ins Meer, wie zum Beispiel in den Cinqueterre, wo die Häuser von Riomaggiore, Manarola, Corniglia und Vernazza an den Felsen zu kleben scheinen. Monterosso al Mare, das zu den «Fünf Ortschaften» gehört, besitzt als einzige einen weiten Sandstrand. Die abfallende Küste gibt den Buchten und Felsvorsprüngen ihr typisch malerisches Aussehen: Portofino etwa ist der Bilderbuchhafen schlechthin. Touristisch angegriffen, aber mit unverändertem Charme. Ein landschaftliches Schmuckstück ist der Monte di Portofino. Der Reichtum an mediterranen Pflanzenarten – Erdbeerbäume, Steineichen, Mastixbäume, Myrte – macht die Halbinsel zwischen Camogli und Santa Margherita auch zum beliebten Wandergebiet. Der Parco Monte di Portofino gehört übrigens zu einer Reihe von Naturschutzgebieten, für die der Gesetzesantrag gestellt wurde, sie als Reservat einzurichten. Die Cinqueterre, der Serro Mesco, der Monte Gottero und die Area protetta Aveto im Hinterland von Chiavari sind ähnliche Schutzgebiete. In der Ponente sind es der Monte Beigua, die Langhe di Piana Crixia, das Finale mit der Hochebene Manie und die Area protetta Alpi Liguri, um die eindrücklichsten zu nennen.

Die Küste der Ponente wirkt weniger schroff als die ihrer Schwester. Sie verläuft in Stufen und besitzt weite Ebenen mit Flussmündungen, die intensiv genutzt werden. Rund um Albisola, Loano, Albenga, Diano Marina und Arma di Taggia gedeihen denn auch die Artischocken, Spargeln, Tomaten und Auberginen, die Erdbeeren, Himbeeren, Kirschen, Aprikosen und Pfirsiche, welche die ligurische Küche so ligurisch machen. Die Städte der Ponente wirken zugleich städtischer als diejenigen der Levante. Wahrscheinlich auch, weil sie mehr Platz haben. Die grösste ist Savona. Durch ihre alten Handelsverbindungen mit dem

Der Winter ist eigentlich die schönste Zeit für einen Ligurienbesuch. Die Temperaturen sind mild, die Touristen überschwemmen noch nicht das Land, und die Leute haben Zeit für ein Schwätzchen.

Der Bauernarbeit im Hinterland kehren die Jungen immer mehr den Rücken. Dieser Bauer rollt seine Netze nach der Olivenernte zusammen.

Piemont – über den bequemen Passo di Cadibona – hat sie etwas Piemontesisches an sich: Breite Boulevards, Arkadenstrassen und die Palazzi im italienischen Jugendstil, dem sogenannten Liberty-Stil. Ganz anders sieht Albenga aus, dessen mittelalterliches Stadtbild mit den hohen Geschlechtertürmen etwas finster wirkt. Als Kunststadt – im Sinn von künstlich – muss sich Imperia um ihr Ansehen wehren. Dass sie von Benito Mussolini 1923 «geschaffen» wurde, hilft ihr dabei nicht besonders. Im Grunde genommen handelt es sich um eine per Dekret verordnete Zusammenlegung von Porto Maurizio und Oneglia. Die beiden Städtchen trennt der Fluss Impero, über den heute mehrere Brücken führen. Die Zwangsverbindung will dennoch nur bedingt klappen.

Sein unverkennbares Gesicht erhielt Ligurien durch die angelegten Steinmäuerchen, die sogenannten *fasce* oder *muri a secco*. Nur dank dieses Terrassenbaus wurde eine Landwirtschaft an den steilen Hängen, den schroffen Küsten überhaupt möglich. Das gilt für Liguriens Goldschatz, das Olivenöl, wie für den Weinbau, die Kastanienwälder, die Gemüse- und Obstgärten, ja sogar für den Blumen- und Zierpflanzenanbau, der andere Kulturen zunehmend verdrängt hat. Weil diese Art Bauernarbeit heute verlassen wird, ist natürlich auch Liguriens Landschaftsbild bedroht. In den Cinqueterre hat die Unesco eingegriffen, indem sie den Terrassenbau als Kulturgut einstufte und finanziell zu erhalten versucht. Die Abwanderung der Jungen hingegen kann sie nicht verhindern. Ansätze, wie eine neue Generation von Bauern – Olivenbauern, Weinbauern, Gemüsebauern – in die Täler und auf die unbequemen Ackerfetzchen zurückkehren könnte, zeigen sich in unseren Schilderungen auf den folgenden Seiten: Die Chance der Ligurer – und ihres Landes – liegt im Grundsatz «klein, aber fein»; die Massenqualität überlassen sie besser andern.

Unterschiede zwischen der Riviera di Levante im Osten und der Riviera di Ponente im Westen werden auch in der Küche deutlich. Natürlich zeigt sich der Einfluss Genuas auf beiden Seiten: im Pesto alla genovese, in der Cima, Minestrone, Torta pasqualina, aber doch stets mit abgrenzenden Feinheiten. So muss zum Beispiel ein Pesto, soll er «alla genovese» sein, unbedingt mit Olivenöl zermörsert werden. Darüber besteht in der ganzen Ponente kein Zweifel – einschliesslich Genua, selbstverständlich. In der Levante hingegen lässt man offen, ob diese Basilikumsauce nicht ebensogut mit Butter schmeckt. Und schliesst sich damit den Nachbarregionen an. Solche und ähnliche Vermischungen mit dem toskanischen Geschmack sind für die Levante typisch. So wie man aus den Vorlieben der Ponente vielerlei Piemontesisches und Südfranzösisches ablesen kann. Anderseits wirkt die Küche hier viel ligurischer, traditionsbewusster und daher auch mutiger. Die Köchinnen und Köche öffnen sich den mediterranen Einflüssen, was ihrem Essen viel Farbe und Würze gibt. «Aber wer kreativ sein will, muss in seinen Traditionen verwurzelt sein», meint zum Beispiel Caterina Lanteri Cravet vom Ristorante San Giorgio stellvertretend für ihre Kollegen. Wie recht sie hat und wie vielseitig die ligurische Küche ist, dokumentieren die Gerichte, die wir Ihnen in diesem Buch vorstellen: Gerichte aus einfachen Gaststuben mit einer Mamma am Herd oder einem Wirt, der für alles sorgt, und Gerichte von gepflegten Restaurants.

Wer Ligurien kennen- und liebenlernen will, muss unbedingt der Küste auch den Rücken kehren, sich landeinwärts wenden. Schon die Küche ist eine andere. Sie wirkt ländlicher, mit mehr Fleisch, als man es in Meeresnähe gewohnt ist. Meistens sind es Kaninchen, Lamm und Geflügel. Die wenigen Kühe und Rinder, die im Sommer auf den Bergebenen des Passo di Mezzaluna oder im Avetotal weiden, braucht man eher für die Milch, den quarkähnlichen Prescinsêua und zum Käsemachen. Dass die Alpwirtschaft in Ligurien kein Sonntagsspaziergang ist, erlebten wir auf einer Reise vom Piemont her. Weit oben auf dem Pian di San Bernardo, etwa auf tausend Meter Höhe, trieb ein Hirtenpaar eine Herde müder Kühe mit ihren Kälbchen voran. Zwei Tage waren sie unterwegs, von Villa Faraldi unten am Meer her. Zurück sei es dann einfacher, meinten sie. Weil die Kälber dann im Herbst schon kräftiger seien.

In den Wäldern des Hinterlandes tummeln sich auch viele Wildschweine, hinter denen im Herbst die Jäger her sind. Und es wachsen ordentlich Pilze – Pfifferlinge, Schirmlinge, Röhrlinge und und und. Allerdings haben nun immer mehr Gemeinden strikte Sammelverbote erlassen, so dass man die Schwämme lieber in der nächsten Dorftrattoria geniesst. Von aussen wirken diese Gasthäuser oft wenig spektakulär, als möchten sie erst erobert werden. Doch die Überraschungen, die sie bereithalten, sind meistens angenehm. Eine andere Möglichkeit, um in Liguriens Töpfen zu schnuppern, bieten die Dorffeste. In den Tälern der Ponente ist diese Tradition noch sehr lebendig, und fast immer feiert man irgendwo eine «Sagra dei crustoli», «del fungo» oder sonst eine «Sagra». In der Levante gibt es diese Feste weniger, mit Ausnahme der spektakulären «Sagra del pesce» von Camogli.

Auf keinen Fall sollte man Ligurien nur mit dem Auto durchpflügen. Ein Spaziergang durch ein Städtchen, auf einem alten Saumpfad in ein Dorf, durch einen Kastanienwald oder Olivenhain bringt die stärksten Eindrücke. Im Winter, von Dezember bis März, pflücken die Bauern die Oliven, und die Mühlen sind in Betrieb. In dieser Zeit leuchten an der Küste auch die Zitronen und die Mimosen. Es ist eigentlich die schönste Zeit für einen Ligurienbesuch. Sogar die sonst überfüllten Badeorte haben dann ihren Rivierazauber zurückgewonnen. Die Fischer lassen sich in ein Schwätzchen verwickeln, so wie überall dort, wo die Touristen das Land nicht vereinnahmen, die Leute sehr offen und entgegenkommend sind.

Der Ölmüller Nanni Ardoino sagte uns, man lerne die Demut – *umiltà* –, wenn man mit Oliven arbeite. Etwas von dieser Demut kann man beim Kennenlernen Liguriens auch ganz gut gebrauchen.

Einer der schönsten Gemüsemärkte Liguriens ist in Chiavari auf der Piazza Mazzini vor dem Justizpalat.

Die Badekabinen sind
Die Olivenbäume blüh

FRISCH GESTRICHEN.

Es gibt junge Böhnchen und Flaschenkürbisse, die hier «Trompetchen» heissen. Beim «Lanterna»-Wirt riecht es nach eingesalzenem Fischrogen.

Besondere Oliven, eigenwillige Ölmüller

Selbst gemächlich Reisende benützen nur noch selten das Valle Argentina als Passroute zwischen dem Piemont und Ligurien. In der hintersten Talsohle drängen sich die Häuser von Molini eng aneinander. «Molini» heisst «die Mühlen», und diese mahlten für das höher gelegene Triora das Getreide, aber auch Kichererbsen und Kastanien. Triora selber war der Obrigkeit Genuas unterstellt. Weil diese ihren lukrativen Salzhandel mit der Poebene über das Tal abwickelte, florierte der Ort als Zollposten.

Aus dem Sturatal im Piemont kam Ende des 7. Jahrhunderts auch eine Gruppe von Benediktinermönchen nach Triora. Diese errichteten für ihren eigenen Reisekomfort verschiedene Hospize, wählten als Sitz ihres Priorats jedoch Taggia. Das heutige Kleinstädtchen liegt bei der Mündungsebene des Flusses, die nunmehr von den Gewächshäusern für Blumen- und Pflanzenkulturen bedeckt wird. Vom Kloster der Benediktiner zeugt noch eine Gedenktafel. Sichtbar geblieben ist ihre Hinterlassenschaft, die bis heute Liguriens Schönheit und Lebenskraft ausmacht: der Olivenbaum.

Der schmale Landstreifen zwischen den ligurischen Alpen und dem Meer ist vom Klima verwöhnt. Dafür sorgt die Hanglage mit der Abdachung gegen Süden, die als Kälteschutz funktioniert. Anderseits ist fruchtbarer Boden hier rar: Die Abhänge machen Ligurien auch zu einem Bergland. Einen ehrenvollen Platz im Paradies verdienten sich die Mönche dadurch, dass sie eine Olivensorte züchteten, die mit diesen Bedingungen übereinstimmt.

Die Taggiascaolive, wie man sie in memoriam nennt, wirkt im Vergleich mit anderen italienischen Sorten unscheinbar klein. Aber sie ergibt ein zartduftendes, elegantes Öl, das von Kennern gesucht ist. In den Tälern der Ponente trifft man diese Olive bis auf 800 Meter Höhe an. So weit oben reift sie zwar spät, entwickelt jedoch eine runde, harmonische Qualität. Wenn in Küstennähe die Olivenbäume im Mai zu blühen beginnen, können Bäume der gebirgigeren Regionen durchaus noch Früchte tragen.

Sonderbarerweise will die Taggiascaolive aber nur in der Ponente, ihrer eigentlichen Heimat also, richtig gedeihen. In der Levante, mit mehr Niederschlägen und Feuchtigkeit, begegnet man ihr nicht mehr. In der Provinz

Die Taggiascaolive ist die ligurische Olive schlechthin. Sie ist unscheinbar klein, ergibt aber ein zartduftendes Öl, das von Kennern gesucht ist.

Oben Olivenhain im Argentinatal, unten eine alte Mühle in Dolcedo.

Imperia und teilweise in Savona ist sie bis heute die einzige Olivensorte geblieben und ergibt dennoch von Lage zu Lage und von Mühle zu Mühle verschiedene Extra-vergine-Öle mit ausgeprägten Nuancen.

Noch bis vor wenigen Jahrzehnten waren die Täler zwischen Ventimiglia und Albenga mit Ölmühlen übersät. Praktisch jede Gemeinde verarbeitete ihre Oliven selber; was die Bauern nicht für den Eigenbedarf brauchten, verkauften sie den grossen Fabriken in Imperia. Diese raffinierten das Öl oder vermischten es mit anderen Ölen zu irgendeiner Firmenmarke. Das Olivenöl, das die Bauern für sich behielten, hatte natürlich immer bestimmte Wesenszüge, die von der Herkunft der Oliven, der Lage der Bäume, aber auch vom Reifegrad der Früchte und deren Verarbeitung in der Mühle geprägt waren. Erst seit kurzem spielen eigenwillige Ölmüller solche Besonderheiten stärker in den Vordergrund.

Um ein lagenspezifisches Öl herzustellen, wie man es sich vom Wein her gewöhnt ist, braucht es allerdings grosse Anstrengungen. Unter anderem müssten alle Bauern mitmachen, damit es genügend Oliven zum Pressen gibt. In geringen Mengen ist es ein Luxus, und den leistet sich – vorläufig – erst Pietro Isnardi. Seine Mühle in Pontedassio, im Imperotal, gehört zu den modernen, wobei die Oliven nach traditioneller Art mit dem Steinrad zermahlen werden. Die Isnardi-Vorfahren machten sich einen Namen mit pharmazeutischen Produkten und verkauften Olivenöl nicht nur zum Kochen, sondern auch für die Kosmetik und als Reformartikel. Pietro Isnardi arbeitet mit Bauern aus der weiten Umgebung zusammen und presst deren Oliven zu qualitativ sehr verschiedenen Ölen. Da er ein grosser Kenner der ligurischen Traditionen und Mitglied der Accademia Italiana della Cucina ist, erinnerte er sich auch des Brauchs, nach dem die Dorfbewohner vom frisch gepressten, noch ganz und gar jungfräulichen Öl einen Tonkrug voll mit nach Hause nahmen. Es war ein Fest wie anderswo bei der Weinlese. Nun kann man wieder während der Erntezeiten dieses grünlich schimmernde, fruchtige «Olio novello» in seiner Mühle abholen. Zu den exklusiven Tröpfchen gehört das Lagenöl oder der «Cru», wie die Italiener nach französischem Vorbild sagen. Weil die Idee noch neu ist, liess Pietro Isnardi die ersten Fläschchen von ein paar handverlesenen Köchen prüfen. Die Kostproben waren zum Beispiel aus Chiusanico, einer Gemeinde des Imperotals, und aus Dolcedo im Prinotal. Bei den Unterschieden zwischen solchen Ölen geht es um Finessen, die für feine Gaumen gedacht sind.

Nanni Ardoino
und Pietro Isnardi

Dino Abbo (rechts) mit Frau und Sohn

Kleinere Betriebe, die nur die Oliven aus ihrer Umgebung verarbeiten, grenzen sich anders ab. Tiefer im Imperotal und auf einer Höhe von 500 Metern über Meer liegt Lucinasco. Der kleine Ort ist ein richtiges Bauerndorf inmitten einer Landschaft aus Olivenbäumen. Früher waren es einmal mehr: mehr Bäume und mehr Bewohner. Lucinasco ist ein typisches Beispiel der bäuerlichen Abwanderung. Als Olivenbauer und Ölmüller arbeitet hier Dino Abbo. Sein Öl stammt zu rund siebzig Prozent aus eigenen Oliven, die anderen kauft er von Nachbarn. Die Früchte werden alle von Hand abgelesen und sofort verarbeitet. Das bedingt natürlich die kleinsten Mengen aufs Mal – also eigentlich ein unrentables Geschäft. Weil die Oliven in den verschiedenen Lagen und Höhen zu unterschiedlichen Zeiten reif sind, verteilt er die Ernte – nach ligurischer Tradition – auf eine lange Periode. In guten Jahren beginnt sie Mitte Dezember; nach einem nassen Sommer hingegen, wenn die Früchte mit Wasser vollgesogen sind, schon früher. Irgendwann im März ist gewöhnlich Schluss. Weil Oliven nie gleich sind – selbst innerhalb einer Sorte nicht –, mahlt sie Dino Abbo als einziger Müller weit und breit auf zwei gänzlich verschiedene Arten. Massgeschneidert quasi. Und aus den beiden Vorgängen bereitet er schliesslich zwei Öle von völlig unterschiedlicher Art: Das feinste wird nur abgetropft und von Hand abgeschöpft, im Gegensatz zum «gewöhnlichen» kaltgepressten «extra vergine». Extravaganzen wie Handarbeit oder auch das zweifache Mahlen kann sich Dino Abbo aber nur leisten, weil auf dem Gut und in der Mühle die ganze Familie mitarbeitet. Die andern Müller der Gegend nennen ihn respektvoll den «Poeta delle olive».

Wieder unten im Talkessel, am Oberlauf des Impero, steht eine andere Mühle. Eine noch, die sich nicht nur, weil es romantisch aussieht, im Wasser spiegelt. Sie gehört Laura Marvaldi, der einzigen Ölmüllerin in einer sonst reinen Männerdomäne. Die Marvaldi sind ein sehr altes, verzweigtes Geschlecht: Es gab unter ihnen Architekten und Astrologen, und sie seien alle eigenwillig gewesen – «auch die Müller», meint deren Nachfahrin bedeutungsvoll. Ihre Mühle Al di là dell'acqua reguliert sie mit Wasserkraft, «weil es beim Mahlen der Oliven auf Millimeter ankommt. Die kleinste Umdrehung ist manchmal schon zuviel; nur ein mit Wasser betriebenes Rad reagiert sofort.» Wie Dino Abbo passt auch sie sich den Oliven an; in den Erntemonaten sogar deren Lebensrhythmus. Ligurer, die

Laura Marvaldi

seit Generationen mit den *uliveti* aufgewachsen sind, sagen manchmal von sich, sie hätten das Olivenöl im Blut. Auf Laura Marvaldi trifft dies bestimmt zu. In Borgomaro erwarb sie sich Olivenbäume, die an derart schroffen Hängen stehen, dass sie sonst keiner mehr bewirtschaften will. Aber der Boden, in den sich auch alte Eichen und Kastanien krallen, soll den Früchten ein charakteristisches Aroma geben. Aus der Lage Cianetto presst sie sogar einen exklusiven «Cru», allerdings nur in Kleinstmengen. Dieses Öl gehört zur Familientradition der Marvaldi: Lauras Nonno war Mitglied einer Bruderschaft, wie es sie in jedem ligurischen Dorf gibt. Am Gründonnerstag lud er stets alle Bewohner zu einer Focaccia ein, die er nach altem Brauch mit Fenchelsamen würzte. Weil dieses Gewürz sehr markant ist, wollte er ein Olivenöl, das genau dazu passte. Das war das Cianetto-Öl. Manche nennen es heute auch «Osteröl».

Mitten im Valle Argentina, also dort, wo die Benediktinermönche vom Piemont her einwanderten, liegt die Mühle Roi. Zwischen der Talstrasse und dem Fluss eingezwängt, heftet sie sich an den Ortseingang von Badalucco, einem Dorf mit romantischen Gässchen und Brücken. Die Ölmüller sind Pippo und Franco Boeri, Vater und Sohn. Während Pippo, der Ältere, noch das meiste Öl den Fabriken in Imperia verkaufte, hat Franco, der Jüngere, die Zeichen der neuen Zeit

Badalucco im Valle Argentina.

Auf Initiative des Pro Loco haben verschiedene italienische Künstler die Gassen und Plätze des Ortes mit Wandbildern, Keramiken und Skulpturen geschmückt.

Die Landschaft des Valle Argentina wird bis heute vom Olivenbaum geprägt.

rechtzeitig erkannt: den weltweiten Trend zur mediterranen Ernährung, den Boom des Olivenöls. Mühlen gab es früher mehrere im Ort; von ihnen zeugen allenfalls die Wasserräder, oder sie sind Restaurants geworden. Nicht aber «Roi», wo Franco Boeri nun den Bauern die Oliven abkauft und zusammen mit jenen aus den eigenen Hainen zu zwei verschiedenen Ölen verarbeitet, unter anderem auch dem kostbaren Tröpfchenöl. Weil die Bäume in diesem Gebirgstal ohne chemische Spritzmittel auskommen, nutzt er zudem den Vorteil der ökologischen Vermarktung. Den besten Eindruck von den schroffen, bis weit hinauf bepflanzten Argentinahängen erhält man von einem Olivengarten, einem eigentlichen Hochsitz, der Franco Boeri selber gehört. Das Karrensträsschen, das in endlosen Schleifen hinaufführt, wird von Heidekraut, Rosmarin und Ginster umsäumt. Die gestuften Terrassen, auf denen sich die Bäume reihen, sind mit dürrem Gras bewachsen; Zeit zum Mähen. Das Heu wird hier liegen gelassen, und seinen Duft werden Feinschmecker subtil in den gepressten Oliven wiedererkennen. «Rois» Müller ist natürlich stolz auf diese Feinheit. Durch die Vermassung in den Fabriken, die aus beliebigen Mühlen alles zusammenkaufen und neu mischen, sind Olivenöle allgemein neutraler geworden. Wie wohl es sich in Franco Boeris Olivengarten sein lässt, demonstrierte übrigens der in London tätige Koch Antonio Carluccio. Für die ligurische Küche, die er in einer Sendereihe der BBC vorstellte, posierte er nämlich da oben. Dazu gehörte natürlich ein richtiger Pesto, und dafür brauchte Carluccio das Olivenöl von ... na, raten Sie mal. Auch darauf ist Franco Boeri natürlich stolz.

Franco Boeri

«La Via Romana»

und seine Rezepte
Via Romana 57, 18012 Bordighera

Abseits vom Trubel der Strandpromenade, umgeben von Parks und Villen, wirkt «La Via Romana» ein bisschen distinguiert. Nicht grundlos. Das Restaurant gehörte einst zu einem der vornehmsten Hotels der Stadt, deren Geschichte mit dem britischen Nobeltourismus des 19. Jahrhunderts eng verknüpft ist. Doch Romolo Giordano und Pino Graziano, die Inhaber dieses Restaurants, pflegen eine ungezwungene Gastfreundschaft, die sich harmonisch mit dem Stil ihrer Küche verbindet. Sie ist sehr ligurisch, gelegentlich mit sizilianischen Akzenten durchsetzt, was eben die verschiedene Herkunft der beiden Gastgeber verrät. Die folgenden Rezepte, so betont Romolo Giordano, entstammen zum Teil einer sehr alten ligurischen Tradition. Andere rücken eher ein einheimisches Produkt in den Vordergrund und zählen zu den modernen mediterranen Interpretationen.

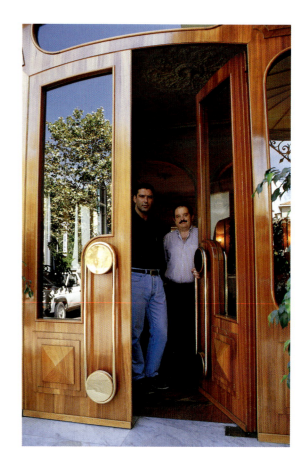

Sottilissima di pesce spada all'olio extra vergine e al rosmarino

Warmes Schwertfisch-Carpaccio mit Olivenöl und Rosmarin

1 Stück Schwertfisch von ca. 800 g
Vollmeersalz
weisser Pfeffer aus der Mühle
Saft einer kleinen Zitrone
100 ml ligurisches Olivenöl extra vergine
1 Zweig Rosmarin

Diese Vorspeise können Sie auch mit anderen weissen Fischsorten, wie etwa Wolfsbarsch oder Goldbrasse, zubereiten. Aber die Konsistenz und der feine Geschmack des Schwertfischs, den man zwischen Mai und Oktober vor der ligurischen Küste fischt, sind schlicht unvergleichlich.

Den Backofen auf 200 Grad vorheizen.
Den Schwertfisch in hauchdünne Lamellen schneiden und fächerartig in flache Gratinformen verteilen. Leicht salzen und pfeffern, mit etwas Zitronensaft und Olivenöl beträufeln und die Rosmarinnadeln darüberstreuen.
1 Minute im vorgeheizten Ofen durchwärmen und sofort servieren.

Cundiun ponentino
con gamberoni rossi di Sanremo
e bottarga di tonno

*Salat der Riviera mit roten
Mittelmeergarnelen
und Thunfisch-Bottarga*

20 Garnelen, am besten
rote Mittelmeergarnelen
4 reife, aber feste
Fleischtomaten
½ Gurke
½ gelbe Peperoni (Paprika)
2 Lauchzwiebeln
50 g Thunfisch-Bottarga
(siehe Seite 36)
8 Basilikumblätter
1 EL kleine schwarze Oliven,
am besten Taggiascaoliven

Sauce:
Vollmeersalz
weisser Pfeffer aus
der Mühle
Zitronensaft oder
Aceto Balsamico
ligurisches Olivenöl
extra vergine

«Cundiun» ist im Grunde genommen die ligurische Version der Salade Niçoise. Traditionell besteht sie aus Tomaten, Gurken, Oliven, in Öl eingelegtem Thunfisch und gekochtem Ei. «La Via Romana» ergänzt das Gericht gern mit den seltenen Mittelmeergarnelen und Bottarga als Spezialität der Region.

Die Garnelen 2 Minuten im Dampf garen. Das Gemüse zerkleinern: die Tomaten in Schnitze, die Gurke in Scheiben, die Peperoni (Paprika) in Streifen und die Lauchzwiebeln in Scheibchen schneiden. Dekorativ auf grossen flachen Tellern anrichten.

Die Garnelen schälen, Kopf und Darm entfernen und auf dem Gemüse verteilen. Die Bottarga hauchdünn schneiden und ebenfalls auf das Gemüse legen. Zum Schluss mit den Basilikumblättern und Oliven garnieren.

Ganz wenig Salz (die Bottarga ist bereits salzig), Pfeffer, Zitronensaft und Olivenöl zu einer sämigen Sauce verrühren und diese über den angerichteten «Cundiun» träufeln.

Der kulinarische Tip: Manche sehr typische regionale Produkte wie die Bottarga oder die roten Mittelmeergarnelen sind ausserhalb Liguriens schwer aufzutreiben. Versuchen Sie als Ersatz einen geräucherten Fisch oder Thunfisch aus der Dose. Bei den Garnelen achten Sie vor allem auf frischeste Qualität.

Salat der Riviera mit roten Mittelmeergarnelen und Thunfisch-Bottarga

Stoccafisso brandacujùn
Stockfischpüree

1 kg bereits gewässerter Stockfisch (evtl. beim Händler bestellen)
800 g festkochende Kartoffeln
1 Knoblauchzehe
4 Stengel Petersilie
Vollmeersalz
ligurisches Olivenöl extra vergine
weisser Pfeffer aus der Mühle

Aus der Provence kennen Sie vielleicht ein ähnliches Gericht. Dort heisst es «Brandade».

Den Stockfisch in grosse Stücke schneiden, in einen Topf legen und mit kaltem Wasser bedecken. Zum Sieden bringen. In der Zwischenzeit die Kartoffeln schälen, grosse halbieren. Den Stockfischsud salzen und die Kartoffeln zum Fisch in den Topf geben.

Nach rund einer halben Stunde das Wasser abgiessen und den Stockfisch putzen, d. h. sämtliche Gräten und Unreinheiten entfernen, die Haut abziehen. Die gesäuberten Fischstücke mit einer Gabel in winzige Stückchen zerpflücken, die Kartoffeln zerdrücken und beides zusammen zurück in den Topf geben. Knoblauch und Petersilie fein hacken und dazugeben. Mit Salz abschmecken und einen Strahl Olivenöl darunterrühren. Dann den Topf gut verschliessen und das Ganze bei schwacher Hitze und unter fleissigem Rütteln vorsichtig durchwärmen. Zum Schluss die Masse mit dem Schneebesen zu einem feinen Püree verrühren, bei dem man jedoch die Konsistenz des Stockfischs noch herausspürt.

Anrichten, etwas Pfeffer darübermahlen und mit Olivenöl beträufeln. Mit gerösteten Brotscheiben servieren.

Der kulinarische Tip: Dieses Gericht können Sie gut vorbereiten und brauchen es vor dem Servieren nur noch im Wasserbad zu erwärmen.

Zuppetta di vongole veraci e gamberoni al peperoncino
Scharfe Muschel-Garnelen-Suppe

800 g Venusmuscheln
12 Garnelen, am besten rote Mittelmeergarnelen
1 Knoblauchzehe
4 reife Tomaten
100 ml ligurisches Olivenöl extra vergine
100 ml trockener Weisswein (Vermentino)
¼ l Fischfond
1 roter scharfer Peperoncino (Chili)
nach Belieben etwas Vollmeersalz
12 kleine geröstete Weissbrotscheiben

Die Muscheln putzen und die Garnelen der Länge nach halbieren. Den Knoblauch ganz fein hacken, die Tomaten häuten und würfeln. Den Peperoncino entkernen und fein hacken.

In einem grossen Topf 50 ml Olivenöl erwärmen, dann den Knoblauch, die Muscheln und schliesslich die halbierten Garnelen hinzugeben. Sobald sich die Muscheln geöffnet haben, den Weisswein dazugiessen, verdunsten lassen und anschliessend die Tomaten daruntermengen. Nach zwei Minuten den Fischfond und den gehackten Peperoncino beifügen. Noch ein paar Minuten köcheln lassen, dann abschmecken.

Die gerösteten Brotscheiben in tiefe Teller verteilen und darauf die Muscheln und Garnelen legen. Mit der heissen Suppe übergiessen und mit dem restlichen Olivenöl beträufeln.

Der kulinarische Tip: Wenn in diesen und in anderen Rezepten ligurisches Olivenöl als Zutat angegeben wird, hat dies auch einen geschmacklichen Grund: Es ist ein sehr mildes, weiches Öl, das sich mit den Aromen der anderen Produkte harmonisch verbindet.

Stockfischpüree

Trofiette con code di scampi, pomodoro fresco ed origano
Trofiette mit Langustinen, Tomaten und Oregano

320 g Trofie
(siehe Seite 100)
4 Langustinen (Scampi)
3 reife Tomaten
2 Stengel Petersilie
1 Knoblauchzehe
ligurisches Olivenöl
extra vergine
50 ml trockener Weisswein
2 EL Fischfond
Vollmeersalz
weisser Pfeffer aus
der Mühle
getrockneter Oregano

Die Langustinen können Sie allenfalls durch einen Fisch mit festem Fleisch ersetzen. Oder auch durch Muscheln. Oder durch kleine Tintenfische.

Die Trofie in kochendem Salzwasser rund 9 Minuten garen.

Die Scampi aus den Schalen lösen und das Schwanzfleisch in Medaillons schneiden. Die Köpfe zur Dekoration aufbewahren. Die Tomaten häuten, entkernen und würfeln, die Petersilie fein schneiden. Die Knoblauchzehe sehr fein hacken und mit den Scampiköpfen in etwas Olivenöl anziehen lassen. Die Köpfe wieder herausnehmen und zur Seite stellen. Die Schwanzfleischmedaillons in derselben Pfanne scharf anbraten und mit Weisswein ablöschen. Die abgetropften Tomatenwürfel, die Petersilie und den Fischfond dazugeben, mit Salz und Pfeffer abschmecken. Bei sachter Hitze 3–4 Minuten köcheln lassen. Am Schluss mit Oregano würzen.

Die abgetropften Trofie unter die Sauce mischen, heiss anrichten und mit den Scampiköpfen garnieren.

Der kulinarische Tip: Fischfond können Sie in Delikatessengeschäften und beim Fischhändler kaufen. Oder Sie bitten diesen um die Gräten und Flossen von Seezunge und Glattbutt und bereiten den Fond selbst zu. Dazu dünsten Sie etwas Suppengemüse an, geben die Fischabfälle dazu – bei diesem Rezept natürlich auch die Langustinenschalen –, würzen etwas, löschen das Ganze mit Weisswein ab und giessen Wasser nach. Den auftretenden Schaum schöpfen Sie fortlaufend ab und giessen den fertigen Fond nach 20 Minuten durch ein Sieb.

Gnocchi di patate alla bottarga di tonno
Kartoffelgnocchi mit Thunfisch-Bottarga

1 kg mehlige, gut
gelagerte Kartoffeln
2 Eier
Salz
2 EL geriebener Parmesan
ca. 200 g Mehl
80 g Thunfisch-Bottarga
(siehe Seite 36)
100 g frische Butter

Eine seltene Zubereitungsart mit Butter statt Olivenöl. Diese schmeichelt der Bottarga eher, mildert ihren etwas strengen Geschmack. Wer keine Bottarga auftreiben kann, kombiniert die Gnocchi mit einer anderen Sauce, wie jener für die Trofiette (vorangehendes Rezept) oder jener für die Corzetti (folgendes Rezept).

Die Kartoffeln in der Schale weich kochen, noch warm schälen und im Passiergerät pürieren. Die Eier, etwas Salz und den geriebenen Parmesan daruntermengen, dann nach und nach das Mehl, bis es ein weicher, lockerer Teig ist. Die Masse in Portionen teilen und diese zu rund 2 cm dicken Strängen rollen. Jeden Strang in 2 cm lange Stücke schneiden und jedes Stück über die Zinken einer Gabel rollen, um die typischen Gnocchirillen zu erhalten.

Die Bottarga hauchdünn schneiden und die Hälfte davon ganz fein hacken. Die Butter zum Schmelzen bringen und die gehackte Bottarga darin vorsichtig erwärmen.

Die Gnocchi in kochendem Salzwasser garen, und gut abgetropft mit der Bottarga-Butter vermengen. Sofort auf heisse Teller anrichten und mit der restlichen Bottarga garnieren.

Corzetti stampati con triglie, pinoli e maggiorana

Corzetti mit Meerbarben, Pinienkernen und Majoran

Die münzenförmigen Corzetti wurden von reichen Genueser Familien erfunden, die ihre Wappen auf Holzstempel schnitzen liessen, um mit diesen ihre hauseigenen Nudeln zu prägen. Solche Corzetti blieben noch bis in dieses Jahrhundert in Mode, und das Schnitzen der Stempel gehörte zu den Fertigkeiten der besten Kunstschnitzer aus Chiavari. Mittlerweile zählen die Münzennudeln zu den kulinarischen Besonderheiten und sind immer auch ein bisschen mit Nostalgie gewürzt.

Für die Corzetti die beiden Mehlsorten mischen und eine Mulde bilden. In diese Mulde die übrigen Zutaten geben und das Ganze zu einem geschmeidigen Teig verarbeiten. Mindestens eine halbe Stunde ruhen lassen, dann möglichst dünn ausrollen. Den Corzetti-Stempel bemehlen, auf den Teig drücken und so fortfahren, bis das Teigblatt mit dem Muster ausgefüllt ist.

Corzetti:
260 g Vollweizenmehl
60 g Weissmehl
100 g blanchierte Spinatblätter, gehackt
3 Eier
2 EL Olivenöl extra vergine
2 EL Wasser
1 Prise Vollmeersalz

Sauce:
8 Meerbarbenfilets
1 Knoblauchzehe
3 EL ligurisches Olivenöl extra vergine
20 g Pinienkerne
1 Schuss trockener Weisswein (Vermentino)
2 EL Fischfond
1 Zweig Majoran
1 Stengel Petersilie
Vollmeersalz
weisser Pfeffer aus der Mühle

Die geprägten Münzennudeln ausstechen und rund eine Stunde trocknen lassen.

In einem grossen Topf mit kochendem Salzwasser garen.

Für die Sauce die Fischfilets würfeln. Den Knoblauch fein hacken. Beides zusammen im Olivenöl anziehen lassen. Die Pinienkerne hinzufügen, ganz leicht anrösten, dann mit Weisswein ablöschen. Den Fischfond und die gehackten Kräuter dazugeben, mit Salz und Pfeffer abschmecken.

Die abgetropften Corzetti unter die Sauce mengen und auf vorgewärmte Teller anrichten.

Der kulinarische Tip: Anstelle des authentischen Corzetti-Stempels können Sie die Teigwaren auch mit einer grossen Münze prägen. Zum Ausstechen benützen Sie dann einfach ein entsprechend grosses Glas.

Corzetti mit Meerbarben, Pinienkernen und Majoran

Gefüllter Kalmar

Calamaro ripieno alla ligure
Gefüllter Kalmar

8 Kalmare von je 100 g, küchenfertig
200 g blanchierte Spinatblätter, gehackt
3 Eier
2 EL feine Brotbrösel
2 EL geriebener Parmesan
Vollmeersalz
weisser Pfeffer aus der Mühle
ligurisches Olivenöl extra vergine
eventuell etwas Milch

Sauce:
4 reife Tomaten
2 Stengel Petersilie
2 Schalotten
100 ml trockener Weisswein (Vermentino)
Vollmeersalz
weisser Pfeffer aus der Mühle

Von den Kalmaren die Haut abziehen, den Kopf und die Tentakel vom Körper trennen und das transparente Fischbein (Chitinblatt) entfernen. Tentakel und Körperbeutel gründlich waschen.

Die Tentakel in Salzwasser blanchieren und fein hacken, dann mit dem Spinat, den Eiern, den Brotbröseln, dem Parmesan und den Gewürzen vermischen. Ein Esslöffel Olivenöl und nach Bedarf ein wenig Milch daruntermengen. Die Masse in die Kalmarbeutel füllen und die Öffnung mit einem Zahnstocher verschliessen.

Die Tomaten häuten und würfeln, die Petersilie hacken. Die Schalotten ganz fein schneiden und in einer Bratpfanne in etwas Olivenöl anziehen lassen. Die gefüllten Kalmare dazugeben und von allen Seiten anbraten, mit Weisswein ablöschen, dann die Tomaten und die Petersilie hinzufügen. Rund eine halbe Stunde zugedeckt köcheln lassen. Mit Salz und Pfeffer abschmecken. Ein wenig abkühlen lassen, dann in Scheiben schneiden und servieren.

Der kulinarische Tip: Lassen Sie Tintenfische wie Kalmar, Sepia und Octopus von Ihrem Fischhändler küchenfertig vorbereiten. Die Tinte liefert er Ihnen – auf Wunsch – in einem separaten Beutel mit. Sie ist der natürlichste Farbstoff für schwarze Nudeln oder den berühmten schwarzen Risotto.

Il bollito di mare
e le sue salsine
Pot-au-feu aus dem Meer mit verschiedenen Saucen

4 kleine Octopusse (Kraken)
400 g kleine Pfeilkalmare
12 Garnelen, am besten rote Mittelmeergarnelen
100 g grüne Bohnen
2 Kartoffeln
1 kleiner Schlangenkürbis (Trompetta) oder Zucchino
1 Karotte
4 Fischfilets von Goldbrasse, Wolfsbarsch o.ä.
8 Meerbarbenfilets
Vollmeersalz
200 ml ligurisches Olivenöl extra vergine

Saucen:
Mayonnaise, Tapenade (siehe Olivensauce, Seite 29) o.a.

Als «La Via Romana» diesen Bollito auf die Karte setzte, wurde er zu einem so grossen Erfolg, dass er seither zu den Hausspezialitäten des Restaurants gehört. Die Kunst, die sich dahinter verbirgt, ist die oft zitierte Einfachheit, die den Geschmack der Produkte am besten zur Wirkung bringt.

Die Octopusse und Kalmare, wie im vorangehenden Rezept beschrieben, säubern oder küchenfertig vorbereitet kaufen. Die Garnelen schälen, Kopf und Darm entfernen. Die Octopusse in siedendes Salzwasser geben, etwa eine Viertelstunde garen und dann in der Brühe auskühlen lassen.

Das Gemüse putzen und in beliebige Stücke schneiden. Die Bohnen in Salzwasser garen, das andere Gemüse dämpfen.

Als letztes die Fischfilets und Garnelen im Dampf garen.

Fisch, Meeresfrüchte und Gemüse dekorativ auf flache Teller anrichten, mit Meersalz bestreuen und mit Olivenöl beträufeln. Die Saucen separat dazu servieren.

San Pietro al forno
con patate e funghi porcini
Petersfisch mit Kartoffeln und Steinpilzen

500 g Kartoffeln
250 g Steinpilze
100 ml trockener Weisswein (Vermentino)
100 ml Fischfond
100 ml ligurisches Olivenöl extra vergine
4 Petersfischfilets
Vollmeersalz
weisser Pfeffer aus der Mühle

«**P**esce al forno» ist eine beliebte ligurische Spezialität. Die folgende Version nimmt besonders Rücksicht auf die Konsistenz des Fisches und vereinigt die Elemente verschiedener bekannter Gerichte zu einem.

Den Ofen auf 180 Grad vorheizen. Teller vorwärmen.

Die Kartoffeln schälen, in ganz dünne Scheibchen schneiden und in einer Bratpfanne in etwas Olivenöl rund 10 Minuten braten. Die Steinpilze fein schneiden, daruntermengen und 5 Minuten weiterbraten. Salzen und pfeffern. Mit der Hälfte des Weissweins ablöschen und einen Esslöffel Fischfond dazugiessen. Das Ganze im vorgeheizten Backofen 10 Minuten fertig garen; herausnehmen und warm halten. Die Ofentemperatur auf 250 Grad erhöhen.

In einer feuerfesten Form zwei Esslöffel Olivenöl verteilen, die Fischfilets darauflegen und ganz wenig salzen. Den restlichen Weisswein und den restlichen Fischfond dazugiessen und die Fischfilets 4 Minuten im 250 Grad heissen Ofen dünsten. Sofort auf die vorgewärmten Teller anrichten und mit den Pilz-Kartoffeln belegen.

Petersfisch mit Kartoffeln und Steinpilzen

Octopus mit weissen Pigna-Böhnchen, Bleichsellerie und Olivensauce

Polpo con fagioli di Pigna, sedano e tapenade
Octopus mit weissen Pigna-Böhnchen, Bleichsellerie und Olivensauce

4 Octopusse (Kraken)
von je 150 g
320 g eingeweichte
weisse Böhnchen,
am besten aus Pigna
2 zarte Stengel Bleichsellerie
Vollmeersalz
weisser Pfeffer aus
der Mühle

Olivensauce:
150 g entsteinte schwarze
Oliven, am besten
Taggiascaoliven
1 Knoblauchzehe
1 Sardellenfilet
1 TL Kapern
etwas Zitronensaft und
Olivenöl extra vergine

Dieses Gericht ist geprägt von ligurischen Produkten bester Güte. Im Vordergrund stehen deren Geschmack und Qualität; die «Kochkunst» selber hält sich zurück.

Die Octopusse putzen oder vom Fischhändler küchenfertig vorbereiten lassen. In siedendes Salzwasser geben, 15 Minuten kochen und in der Brühe auskühlen lassen. Die weissen Bohnen abgiessen und in leicht gesalzenem Wasser garen. Die Selleriestengel in Scheibchen schneiden.

Alle Zutaten für die Olivensauce im Mixer pürieren.

Die noch lauwarmen Octopusse auf den Böhnchen anrichten, mit Selleriescheibchen garnieren und mit der Olivensauce beträufeln. Weissen Pfeffer grob darübermahlen.

2 EL ligurisches Olivenöl
extra vergine
1 Zweig Rosmarin
600 g kleine Tintenfischchen
(Calamaretti), geputzt
100 ml trockener Weisswein,
am besten Vermentino
100 g entsteinte, kleine,
schwarze Oliven,
am besten Taggiascaoliven
200 g gekochte
weisse Böhnchen,
am besten aus Pigna
Vollmeersalz
weisser Pfeffer aus
der Mühle

Der kulinarische Tip: Frische Octopusse bester Qualität erreichen heute spielend den Wert von Hummern und Langusten. Ähnlich verhält es sich bei den scheinbar so einfachen Böhnchen wie denen aus Pigna (Seite 109). Wenn Sie also diese beiden Produkte in Ihrem Rezept durch andere ersetzen, sollten diese ebenfalls möglichst einfach, dafür aber von auserlesener Güte sein.

Calamaretti saltati al Vermentino e rosmarino con fagioli bianchi di Pigna e olive Taggiasca
Tintenfischchen mit Rosmarin, weissen Pigna-Böhnchen und Taggiascaoliven

In diesem Gericht verbinden sich das ligurische Meer, die dahinter liegenden Weinberge und Olivengärten zu einem Ganzen.

In einer weiten Bratpfanne das Olivenöl mit dem Rosmarin erhitzen, die Tintenfische dazugeben und bei starker Hitze 2 Minuten von allen Seiten braten. Mit dem Weisswein ablöschen. Die Oliven und die abgetropften Böhnchen hinzufügen, salzen und pfeffern. Noch eine Minute unter Rühren weiterbraten und sofort servieren.

Der kulinarische Tip: Es ist wichtig, dass die Tintenfische schnell und bei starker Hitze gebraten werden. Wenn man sie zu zögerlich kocht, werden sie zäh. Ebenso wichtig ist die Frische dieser Mollusken; sie riechen dann ein bisschen wie das Meer selber.

«Lanterna Blù»

und seine Rezepte
*Via Scarincio,
18100 Porto Maurizio-Imperia*

Nur wenige Schritte vom Hafen entfernt liegt die «Lanterna Blù», dort also, wo die Kunde von einem interessanten Fang meist schneller eintrifft als der Fisch selber. Der «Lanterna»-Wirt ist Tonino Fiorello, den es kurz nach dem Krieg hierher verschlug, wo er Lucia Caramagno heiratete. Die beiden schufteten, um aus der einstigen Kneipe das heute elegante Fischrestaurant zu machen. Dass Tonino, wie ihn seine Freunde einfach nennen, mit zwei Seelen in der Brust lebt, verrät seine Bemerkung: «Den Gefühlen nach bin ich Neapolitaner, und als solcher bleibt man immer zugleich ein Fischer.» Auf ältestes Fischerhandwerk stützt sich denn auch die Herstellung des getrockneten Fischrogens, der Bottarga, für die er zum konkurrenzlosen Spezialisten an der Riviera geworden ist. Und weil San Remo schliesslich um die Ecke liegt, singt er gelegentlich für Gäste, die er mag – je nach Seelenlage eine feurige Tarantella oder schmelzende neapolitanische Lava.

Antipasto con fichi e bottarga
Frische Feigen mit Bottarga

6–8 frische Feigen
50–80 g Thunfisch-Bottarga
(siehe Seite 36)

Die salzige Bottarga lässt sich gut mit süssem Obst kombinieren. Da in der modernen ligurischen Küche Feigen als Vorspeise beliebt sind, dachte sich die «Lanterna Blù» diese Alternative aus.

Die Feigen in Schnitze schneiden und auf Teller anrichten. Die Bottarga hauchdünn darüberhobeln.

Der kulinarische Tip: Versuchen Sie es einmal mit Salzkartoffeln als Ersatz für die Feigen. Giessen Sie noch ein paar Tropfen Olivenöl darüber, und Sie haben die schlicht perfekte Ganzjahresvariante.

Frische Feigen mit Bottarga

Calamaretti con olive Taggiasca e rosmarino
Kleine Kalmare mit Taggiascaoliven und Rosmarin

3–4 Knoblauchzehen
ligurisches Olivenöl extra vergine
500 g kleine Kalmare, küchenfertig (siehe Seite 27)
20 entsteinte Taggiascaoliven
200 g grüne Bohnen, blanchiert
1 Zweig Rosmarin, fein gehackt
Meersalz
Pfeffer aus der Mühle

Die Kombination von Tintenfischchen, Bohnen und Oliven inspirierte die ligurische Küche zu mannigfaltigen Gerichten. Trotz der Wiederholung der Zutaten schmeckt jede Zusammensetzung immer wieder überraschend anders.

Die Knoblauchzehen durchpressen und in etwas Olivenöl anziehen lassen. Die gesäuberten Kalmare hineingeben, von allen Seiten scharf anbraten und vorsichtig salzen. Die entsteinten Oliven, die Bohnen und den gehackten Rosmarin untermengen, mit frisch gemahlenem Pfeffer abschmecken.

Der kulinarische Tip: Kalmare werden durch langes Kochen zäh. Auch hier ist es wichtig, dass Sie sie schnell und heiss anbraten, bevor sie in der Pfanne Saft ziehen.

Linguettine con moscardini
Spaghetti mit Tintenfischchen, Taggiascaoliven und Tomaten

Ligurisches Olivenöl extra vergine
1 Knoblauchzehe
1 Lorbeerblatt
600 g ganz kleine Tintenfischchen, vom Fischhändler gereinigt
12 Cherrytomaten (Kirschtomaten), halbiert
50 ml trockener Weisswein
Salz
1 Msp. fein gehackter scharfer Peperoncino (Chili)
evtl. etwas heisses Wasser
1 EL kleine schwarze Oliven, am besten Taggiascaoliven
1 Zweig Rosmarin, gehackt
1 EL gehackte Petersilie

500 g ganz dünne Spaghetti

Der «Moscardino» gehört zu den Kraken, die ausserhalb der Mittelmeerländer nur selten auf den Markt kommen. In Ligurien sind die winzig kleinen, noch zarten Exemplare sehr beliebt und bereichern die Küche in vielen Varianten.

In einer weiten Bratpfanne etwas Olivenöl erhitzen, die Knoblauchzehe etwas zerquetschen und zusammen mit dem Lorbeerblatt zum Aromatisieren hineingeben. Die Tintenfischchen hinzufügen und scharf von allen Seiten anbraten. Die halbierten Tomaten hinzugeben und mit Weisswein ablöschen. Mit Salz und dem fein gehackten Peperoncino abschmecken, bei Bedarf noch etwas heisses Wasser dazugiessen. 10 Minuten köcheln lassen, dann die Oliven und die Kräuter untermengen.

In der Zwischenzeit die Spaghetti in Salzwasser weichkochen, gut abtropfen lassen und mit den Tintenfischchen vermischen. Heiss servieren.

Kleine Kalmare mit Taggiascaoliven und Rosmarin

Tagliolini con capone
Frische Eiernudeln mit gedünstetem Knurrhahn und Tomaten

400 g frische Eiernudeln
2 Knurrhähne oder andere Felsenfische wie Meerbarbe oder Drachenkopf
ligurisches Olivenöl extra vergine
4 Knoblauchzehen, gepresst
16 Cherrytomaten (Kirschtomaten), halbiert oder in Schnitze geschnitten
1 EL Kapern
1 EL gehackte Petersilie
Meersalz

Der Knurrhahn, auch Seekuckuck genannt, gehört mit der Meerbarbe und dem Drachenkopf zur Gruppe der sogenannten Felsenfische, die wegen ihres besonderen Geschmacks sehr begehrt sind. Kenner geniessen sie am liebsten ganz und wenn möglich mit der Leber, um das Aroma richtig auszukosten. Die folgende Zubereitungsart trägt diesen Feinschmeckern Rechnung.

Die Eiernudeln in Salzwasser weich garen.

Die Fische säubern oder vom Fischhändler säubern lassen. Mit einem scharfen Messer die Filets den Gräten entlang nur lösen, ohne sie vom Kopf zu trennen.

In einer Bratpfanne etwas Olivenöl erwärmen, den Knoblauch darin anziehen lassen und die Tomatenschnitzchen dazugeben. Die ganzen Fische mit den gelösten Filets darauflegen und leicht salzen. Zugedeckt 5–10 Minuten dünsten, am Schluss die Kapern und die Petersilie unter den Jus mischen.

Die abgetropften heissen Nudeln in der Sauce schwenken und mit dem Fisch dekorativ anrichten.

Der kulinarische Tip: Wenn Sie mit ganzen Fischen nichts anfangen können, versuchen Sie das gleiche Rezept mit Filets von Rotbarben. Die Filets legen Sie dann einfach mit der Hautseite nach unten zu den Tomatenschnitzchen in die Pfanne und dünsten sie 2 Minuten.

Frische Eiernudeln mit gedünstetem Knurrhahn und Tomaten

Branzino mediterraneo
Im Ofen gebratener Wolfsbarsch

Für 6 Personen

1 grosser Wolfsbarsch
oder 2 kleinere von
je ca. 800 g, ausgenommen
2 Zweige Rosmarin
600 g Kartoffeln
mittlerer Grösse
2 nicht zur reife Tomaten
2 Zwiebeln
Salz
Pfeffer aus der Mühle
1 EL Kapern
1 EL kleine schwarze
Oliven, am besten
Taggiascaoliven
200 ml ligurisches
Olivenöl extra vergine
½ l heisses Wasser
1 EL zerriebener Oregano
1 EL fein gehackte Petersilie

Die Kombination von Fisch, feinsten Kartoffelscheibchen, Kräutern und Olivenöl inspiriert die ligurische Küche zu stetig wechselnden Varianten.

Den Ofen auf 180 Grad vorheizen. In den Bauch der ausgenommenen und leicht gesalzenen Fische einen Rosmarinzweig legen. Die Kartoffeln schälen und in hauchdünne Scheibchen schneiden. Die Tomaten und die Zwiebeln ebenfalls möglichst dünn schneiden.

Ein grosses Bratgeschirr einölen, die Fische hineinlegen und mit den Kartoffelscheiben bedecken. Darauf die Zwiebelscheiben und zuoberst die Tomaten legen. Salzen und pfeffern, die Kapern und Oliven darauf verteilen und das Öl sowie das heisse Wasser darübergiessen.

Im vorgeheizten Ofen rund eine halbe Stunde garen. Kurz vor dem Servieren mit Oregano und Petersilie bestreuen.

Branzino al vapore
Gedämpfter Wolfsbarsch

4 Wolfsbarschfilets
grobes Meersalz
frischer Majoran
ligurisches Olivenöl
extra vergine

Beilage:
Scheiben von
zartem Schlangenkürbis
oder Zucchini,
gedämpft

Der Wolfsbarsch gehört zu den delikatesten Fischen. Diese einfache Zubereitung nimmt ganz darauf Rücksicht.

Die Fischfilets mit der Hautseite nach unten auf ein Dämpfsieb legen und leicht mit grobem Meersalz bestreuen. 2–3 Minuten im Dampf garen.

Mit den gedämpften Kürbisscheibchen auf vorgewärmte Teller anrichten. Mit frischen Majoranblättchen und Olivenöl aromatisieren.

Gedämpfter Wolfsbarsch

Aspic di frutti del bosco al moscato con salsa di vaniglia

Moscatogelee mit Wald- und Gartenbeeren

Für 6 Personen

10 Blatt Gelatine
200 g Zucker
¼ l warmes Wasser
½ l Süsswein (Moscato)
200 g Himbeeren
200 g Walderdbeeren
200 g Heidelbeeren
200 g Johannisbeeren
nach Belieben Vanillecreme und frische Minze zum Anrichten

Fruchtgelee mit frischen Beeren gehört zu den beliebtesten Sommerdesserts der Riviera. Die Früchte lassen sich beliebig austauschen, und statt Moscato nehmen manche Köche Weisswein und vermischen ihn mit Zitronensaft.

Die Gelatine in etwas Wasser einweichen und ausdrücken. Den Zucker im warmen Wasser auflösen und mit dem Moscato aufkochen, dann die Gelatine darin auflösen.

6 Puddingförmchen in Eiswasser stellen, etwas Gelee hineingiessen und erstarren lassen. Eine Schicht Früchte darauf verteilen, mit Gelee begiessen und erneut erstarren lassen. Wieder eine Schicht Früchte hinzufügen, mit Gelee bedecken und so fortfahren, bis die Förmchen gefüllt sind. Im Kühlschrank mindestens 12 Stunden fest werden lassen.

Zum Servieren die Förmchen blitzschnell in warmes Wasser tauchen und stürzen. Mit kalter Vanillecreme und mit frischer Minze garniert servieren.

Der kulinarische Tip: Da Gelatine sich nie so ganz auf den Punkt genau dosieren lässt, ist es wichtig, dass Sie für diese Speise wirklich nur kleine Förmchen verwenden. Für eine grössere Form bräuchte die Masse mehr Stabilität, das heisst mehr Gelatine.

Moscatogelee mit Wald- und Gartenbeeren

Bottarga, der andere Kaviar

Noch im letzten Jahrhundert fühlte sich der Stör auch im Mittelmeer wohl. Dieser Fisch liefert den Rogen für die teuerste Delikatesse der Welt, den Kaviar – snobistisch sogar mit C geschrieben. Nie in seiner ganzen Delikatessengeschichte war der Stör jedoch der einzige Fisch, hinter dessen Eiern der Mensch herjagte: Lachs, Forelle und Seehase bilden die herkömmlichen Alternativen. Weil jeder Rogen sehr schnell verdirbt, muss er sofort konserviert werden, und die Methode dafür ist bis heute das Einsalzen geblieben.

Auch bei der Bottarga handelt es sich um derart konservierte Fischeier. In der Provence und auf Sardinien liebt man die der Meeräsche, in Süditalien hingegen jene von Schwert- und Thunfisch. In Ligurien, das sich diese Spezialität früher von seinen Nachbarn beschaffte, lässt man beide Arten gelten. Anders als beim Kaviar lässt man bei der Bottarga den Rogen in der Gewebehaut, die ihn zusammenhält. Das Gewicht eines solchen «Sackes» schwankt je nach der Grösse des Fischweibchens, so wie die Farbe und der Geschmack jeweils von der betreffenden Fischart abhängen.

Tonino Fiorello, der wirtende Fischer der «Lanterna Blù», hat sich auf die Bottarga von Schwert- und Thunfisch spezialisiert. Die Prozedur beginnt im Frühling, vor der Laichzeit, mit dem Schrubben der rohen Holzkisten, in die später die Rogensäcke, eingepackt in dicke Salzschichten, gebettet werden. Zu Anfang sehen sie noch wie aufgeblasene Riesenwürste aus und müssen alle paar Tage herausgenommen, geknetet, massiert und neu mit Salz eingerieben werden. Durch diese Methode verlieren sie im Laufe von zwei Monaten ungefähr einen Zehntel ihres Gewichts, und bis zum Spätsommer wirken sie flachgepresst und wie mumifiziert. Dem Aussehen nach könnte man sie mit Trockenfleisch vergleichen. Aber der Geruch ist anders: ein wenig nach Jod, Tang, Meer – und nach Fisch eben. Sehr angenehm.

In Ligurien reicht man die Bottarga entweder dünn aufgeschnitten wie in den Rezepten auf Seite 23 und 25, oder man kombiniert sie mit weissen Böhnchen und Olivenöl. Die «Lanterna Blù» serviert sie gelegentlich zu einem luftigen Kartoffelpüree, andere Restaurants kombinieren sie mit Gnocchi (Seite 25) oder Tagliolini. Da jede Bottarga anders schmeckt und auch stark im Salzgehalt variiert, sollte man sie erst versuchen, um die anderen Zutaten darauf abzustimmen.

Die Bottarga wird alle paar Tage aus dem Salz genommen und geknetet.

Rosso wie Rossese

Düster wirkt die Burgruine der Doria in Dolceacqua, und die blinden Löcher in den Mauern fordern die Phantasie heraus: etwa über den Besuch Napoleons und dessen Begeisterung für den hier angebauten Rotwein, den Rossese. Und weil Wein ja auch immer schnell milde stimmt, sagte der Kaiser diesem Rebensaft eine grosse Zukunft voraus – unter anderem im kaiserlichen Weinkeller. Doch dann verfinstert sich die Geschichte – nicht nur für Napoleon. Das Erdbeben von 1887 verwüstete die schon angeschlagene Burg endgültig, während der Rossese von Dolceacqua ein legendärer Wein geblieben ist.

Lange standen die anderen Rotweine der Riviera im Schatten dieser Legende. So erlebt die Ormeascotraube – eine Verwandte der piemontesischen Dolcetto – erst in den letzten Jahren eine steigende Wertschätzung: Zwischen 1990 und 1995 hat ihr Anbau um rund ein Drittel zugenommen. In der Levante ist es die Sangiovesetraube, die den Ton angibt. Der Tradition gemäss keltern die Weinbauern diese in einem Verschnitt, also ähnlich wie ihre toskanischen Nachbarn. Dieser Brauch unterscheidet sie übrigens von der Ponente, wo man sortenreine Weine vorzieht.

Obwohl der Rossese di Dolceacqua 1972 als erster ligurischer Wein die DOC-Anerkennung erhielt und von Legenden umrankt ist, geht sein Anbau zurück. Die Gründe hängen mit der eher ertragsarmen Traubensorte zusammen, aber auch mit der arbeitsintensiven Hanglage des Nervia- und Crosiatales. Das qualitative Auf und Ab, das er in den letzten Jahren erlebte, spiegelt diese Schwierigkeiten. Einen Bärendienst leistet die Weinbaugenossenschaft von Dolceacqua, wenn sie den Touristen, die auf der Piazza aus den Bussen strömen, einen

Dolceacqua im Nerviatal ist die Ursprungsgemeinde des berühmten «Rossese di Dolceacqua». 1972 erhielt er als erster ligurischer Wein die DOC-Anerkennung.

Das Auffallendste an der Tenuta Giuncheo ist die Struktur des Weinbergs, der vertikal zum steilen Hang gepflanzt worden ist.

Die Giuncheo-Winzer: Arnold und Monica Schweizer und ihr Kellermeister Marco Romagnoli.

muffigen, übeteuerten Alkohol verkauft, der den vielbesungenen Wein darstellen soll.

Ein Rossese der Träume schmeckt beerig nach Wald und duftet verhalten nach Heckenrosen. Das Geschmackserlebnis ist fruchtig, ein wenig bitter, und die Farbe erinnert an Kirschensaft. Ob der Trend zu mehr holzbetonten, in französischer Eiche ausgebauten Weinen ihm gut bekommt, ist eine Frage, die selbst die Winzer in zwei Lager spaltet. Dem Ideal muss man in jedem Fall nachreisen, und die Weingüter sind abgelegen. Wie etwa die Azienda Terre Bianche von Arcagna. Hier produzieren die Brüder Paolo und Claudio Rondelli einen Rossese – Bricco Arcagna –, der sich durch die Alterung zu einem runden, tiefsinnigen Genuss entwickelt. Oder wie die Tenuta Giuncheo in Camporosso, ein abgeschiedener Horst, der sich hoch über dem Tal versteckt.

Das staubige Strässchen flimmert, es duftet nach Katzenminze, wildem Salbei und Thymian. Als kleiner Fleck nur glitzert das Meer, und der Viadukt der *autostrada* entlang der Riviera dei Fiori ist nicht mehr als ein Gedankenstrich. Eine Traumlage, diese Tenuta Giuncheo, auf welcher Monika und Arnold Schweizer ihren würzigen und doch beerigen Rossese anbauen. Für die beiden Aussteiger aus Basel bedeutet die Winzerei noch einen täglichen Lernprozess, zumal dieser viele ökologische Versuche mit einschliesst. Am auffallendsten ist die Struktur des Weinbergs. Statt auf den üblichen Terrassen sind die Rebstöcke vertikal zum fast senkrechten Hang gepflanzt worden. Schmale Steintreppchen führen *direttissimo* in die Tiefe. Diese ungewohnte Anlage sei das Erbe des vorigen Besitzers, der sich dazu im Wallis inspirieren liess, erklären die neuen Giuncheo-Winzer. Nach Ansicht ihres Kellermeisters Marco Romagnoli zeigen diese Weine gerade wegen der sonderbaren Rebbepflanzung einen markanten Eigensinn. «Terroir»-Charakter sagt man solchen Merkmalen heute allgemein und meint den Zusammenhang zwischen Boden und Produkt. Dies trifft ebenfalls auf den Vermentino zu: Der weisse Giuncheo wirkt von der roten Garrigue geprägt. Herb ist er, ganz wenig bitter-salzig und mit einem Duft nach Harz. Wie sein roter Bruder Rossese ist auch er ein Wein mit Kanten und Schliff.

Wer sagt da «Pizza»?

Man nehme Mehl, Wasser und Hefe. Während der Teig und die Wärme des Ofens steigen, bleibt Musse, um sich nach herb duftenden Kräutern umzusehen, nach Salbei, Rosmarin oder Oregano. Dazu braucht es etwas Olivenöl, vielleicht ein paar Oliven oder grobe Salzkörner, und schon ist die Focaccia praktisch fertig.

Es ist ein simples Fladenbrot, im Prinzip eine Pizza, für die es zu einem Belag mehr schlecht als recht reichte. Nicht, dass Ligurien irgendwelche Urheberrechte beanspruchen würde, aber keine andere Region Italiens scheint mit der Focaccia ein derart vertrautes Paar zu bilden: Die Schulkinder stehen beim Bäcker Schlange, wenn er die goldbraunen Fladen aus dem Ofen zieht und sie vor ihren verschlingenden Augen in Stücke schneidet. Sie gehören zum Familienpicknick am Strand, zu den Appetithäppchen der Bars oder stillen auch mal den schnellen Hunger zwischen einer Zeitungslektüre und einem Geschäftstermin.

Natürlich hat auch Ligurien seine «Pizza» oder sagen wir, eine reiche Verwandte der Focaccia. Tomaten, Oliven und kleine Sardinen spielen bei dieser die Hauptrolle. Das Würzkraut ist der Oregano. In San Remo nennt man sie – dem Belag mit den Fischchen entsprechend – «Sardeneira». In anderen Gegenden heisst sie «Pizza all'Andrea» in Erinnerung an Andrea Doria, den Helden von Oneglia, der sich mit seiner Flotte so oft in die Machtverhältnisse zwischen Papst und Kaiser einmischte. Eine sprachliche Verbindung zu dieser Pizza besteht womöglich gleich über die Grenze, an der Côte d'Azur: «Pissaladière» nennt sich dort das populäre Fladenbrot.

Focaccia con le olive
Focaccia mit Oliven

300 g Weissmehl
½ TL Salz
30 g Hefe
150 ml warmes Wasser
4 EL Olivenöl extra vergine
1 Zweig Rosmarin
100 g entsteinte schwarze Oliven

Das Mehl mit dem Salz vermengen und in der Mitte eine Vertiefung bilden. Die Hefe im warmen Wasser auflösen, zum Mehl geben und mit 2 Esslöffeln Olivenöl zu einem elastischen Teig verarbeiten. Diesen gut durchkneten, mit einem feuchten Tuch zudecken und auf das Doppelte aufgehen lassen.

Den Teigballen mit den Händen flachdrücken und, ohne ihn zu zerreissen, auseinanderziehen, eventuell mit dem Nudelholz nachhelfen, und rund ¾ cm dick ausrollen. Auf ein eingeöltes Backblech legen. Mit den Fingern Vertiefungen in Abständen von 4 cm bilden und den Teig erneut gehen lassen.

Den Ofen auf 210 Grad vorheizen. Die Oberfläche des Teigs mit grob gehacktem Rosmarin und halbierten Oliven bestreuen und mit dem restlichen Esslöffel Öl beträufeln. Im vorgeheizten Ofen 10 Minuten backen. In beliebig grosse Stücke schneiden und noch warm zum Aperitif oder als kleinen Imbiss geniessen.

Fisch auf ligurisch

Nur-Fischesser sind die Ligurer nicht. Zumindest von der Tradition her nicht. Dafür sorgt schon das ligurische Meer, das mit seinen unmittelbaren Tiefen für die Fischer kein leichter Jagdgrund ist. Die Geschichte ergänzt das Bild noch von einer anderen Seite: Die Küstenbewohner mussten sich gegen die angreifenden Sarazenen immer wieder verschanzen. Mit Vorteil zogen sie sich in das Hinterland zurück. Vor diesem Hintergrund versteht man auch gut, dass sich der Stockfisch in der ligurischen Küche etabliert hat.

Nun haben andere Zeiten den Zugang aufs Meer erleichtert. Erhalten geblieben ist die Vorliebe für kleine, ja winzige Fischchen, die man, ohne lange daran herumzuputzen, in einen Teig taucht und in Olivenöl fritiert. Zu den Frühjahrsleckerbissen zählen die noch glasklaren, kaum geschlüpften Sardellchen und Sardinchen, die sogenannten Bianchetti. Aus der Familie der Tintenfische sind die «Moscardini» und die «Seppioline» als Winzlinge begehrt. Überhaupt spielen die Mollusken mit den auffallenden Fangarmen eine Hauptrolle. Den Rang der Popularität machen ihnen allenfalls die heringsartigen Fische wie eben die Sardinen und Sardellen streitig. Und natürlich der Schwertfisch und der Thunfisch. Von Liebhabern gesucht sind die sogenannten Felsenfische, die Drachenköpfe, Knurrhähne und Zackenbarsche. Mit den Meerbarben und Goldbrassen gehören sie zu den ganz edlen Sorten. Die felsige Küste, wo sich diese Fische besonders gern aufhalten, aber auch die schonenden Fangmethoden durch die kleinen Boote machen aus ihnen eine eigentliche Exklusivität. Ähnliches trifft auf die Krustentiere wie Langusten, Krebse und die typischen roten Garnelen zu. Deren Fanggebiete halten die Fischer geheim: Kap Mele, Punta Mesco und Portofino sind bekannt.

Santa Margherita Ligure an der östlichen Riviera und Oneglia-Imperia an der westlichen gelten als die wichtigsten Fischereihäfen Liguriens. Neuerdings ebenfalls von Bedeutung ist Savona. Andere Häfen haben sich auf bestimmte Fischarten spezialisiert. Gemessen am Welthandel gelten sie alle als bedeutungslos, und die einheimischen Fische und Meeresfrüchte erreichen allenfalls die Märkte von

Oneglia-Imperia an der westlichen Riviera (Bilder links und rechts oben) und Santa Margherita Ligure an der östlichen gelten als die wichtigsten Fischereihäfen Liguriens. Andere, kleinere Häfen haben sich auf bestimmte Fischsorten spezialisiert.

Mailand und Turin. Wer in Ligurien Fischer ist, arbeitet – wie der Bauer – auf eigene Rechnung. Wobei jeder Hafen andere Bedingungen hat, je nach Anzahl der Boote und deren Grösse. In Oneglia gibt es acht Kähne, die mit einem Schleppnetz ausgestattet sind und auf denen jeweils zwei bis vier Fischer arbeiten. Hinzu kommen die Boote für den Schwertfischfang; andere sind mit Schwebenetzen und Reusen ausgestattet. In Santa Margherita ist «die Flotte» etwas grösser.

Anders als die Bauern, die ihr Gewerbe auch oft in Teilzeit ausüben, leben die Fischer von der Fischerei. Manche beklagen sich heute, und immer weniger Junge legen sich in die Riemen der Alten. Wer Fischer ist, fährt nachts hinaus, setzt die Netze, kehrt zurück, schläft vielleicht ein Ründchen, tuckert erneut hinaus, um einzuholen, was es einzuholen gibt, dann folgt der Verkauf. In San Remo und Santa Margherita liegt dieser noch in den Händen der Fischer selber. In anderen Häfen, wie in Oneglia, gelangt der Fang erst in die Versteigerung, bei der nur die Wiederverkäufer und die Restaurantbesitzer zugelassen sind. Private Geniesser schauen zu und eilen danach schnurstracks zum Händler.

In Santa Margherita wird der Fisch von den Fischern direkt verkauft, auch an Privatpersonen. In Oneglia hingegen wird er zuerst an die Händler und die Gastronomie versteigert.

Un gelato al limon.
In den Olivenbäumen

Im Schatten des Olivenbaums

Wenn die Küste im Sonnenöl ertrinkt und es für Liegestühle eng wird, ist es Zeit, sich in die Dörfer der Täler, in den Schatten der *uliveti* zurückzuziehen. Es ist schwer, der Faszination dieser Bäume nicht zu erliegen. Die silbriggrünen Blätter treiben ein Verwirrspiel von Licht und Schatten, die Äste verfingern sich zum Gewölbe von Kathedralen, unter dem die Zeit stillsteht. Die alten Griechen glaubten denn auch, dass Naturgeister wie Nymphen und Satyrn einen Spass mit ihnen trieben.

Mehrere hundert Jahre alt kann ein Olivenbaum werden, wenn die Bedingungen günstig sind. Als ideal gilt das Klima der Mittelmeerländer, obwohl Oliven heute auch in Südamerika, Kalifornien, Japan, China und Australien angebaut werden. In jedem Land gedeihen natürlich verschiedene Sorten: Italien allein nennt um die fünfzig. Beeindruckende Baumriesen mit meterdicken, knorrigen Stämmen gibt es im Süden der Apenninhalbinsel, vor allem in Apulien, das als Urland des italienischen Olivenanbaus gilt. In Ligurien, wo der Boden karg ist und jeder bebaubare Flecken den Berghängen abgerungen wird, recken die alten Bäume ihre zerzausten Kronen weit hinauf ins Licht und bohren sich mit den Wurzeln in die Erde.

Olivenbäume sind von Natur aus zählebig. Schlecht ertragen sie eigentlich nur nasse Böden, viel Nebel und anhaltende Minustemperaturen. Sogar nach starken Frösten, wie sie Ligurien 1985 zu spüren bekam, schlagen Stämme erneut aus und können nach ein paar Jahren wieder Oliven tragen. Empfindlich hingegen sind die Blüten: Bei Dauerregen fallen sie ab, und es gibt keine Früchte. Auch die Ölfliege ist bei schlechten Wetterbedingungen viel aktiver. Dieses Insekt wird von allen Bauern gefürchtet, weil es seine Eier in den Oliven ablegt und diese von innen her zum Faulen bringt. Im Olivenöl hinterlassen sie einen unangenehmen, «wurmstichigen» Geschmack, so dass man es erst raffinieren muss, um es geniessbar zu machen. Und Raffinieren bedeutet immer einen Wertverlust.

So widerstandsfähig Olivenbäume sind, so sehr brauchen sie Pflege, will man von ihnen ernten. Je nach ihrem Standort und der Bodenbeschaffenheit muss

Ohne Pflege verkümmern und verwildern Olivenbäume. Zur Pflege gehört das Zurückschneiden der Bäume bald nach der Ernte.

Das Capo di Noli in Finalese lädt zum Spazieren zwischen Olivenbäumen und Mittelmeer ein.

Das Hinterland von Imperia, wie hier in Prelà, war einst von Ölmühlen übersät.

man sie bei extremer Trockenheit bewässern. Die Taggiascaolive, die für den Westen Liguriens praktisch massgeschnitten ist, hält zwar vieles aus. Nur an extremen Hanglagen, wo die Bäume in Licht und Sonne geradezu baden, die Humusschicht aber zu dünn ist, legen manche Bauern Wasserleitungen. Auch den Boden müssen sie bearbeiten. Oft ist er mit Gras bewachsen, das sie von den Schafen abweiden lassen. Das gibt zusätzlich noch Dünger. In Olivengärten, die nah genug bei den Dörfern angelegt sind, gedeihen zudem Hülsenfrüchte, Gemüse, Kräuter und Blumen: Fruchtbares Land ist hier eben rar.

Ohne Pflege verkümmern Olivenbäume. Im Grunde genommen werden sie dann wieder die Wildlinge, die sie ursprünglich waren. In den ligurischen Tälern, aus denen die Jungen abgewandert sind, liegen heute viele Haine verlassen; die alten Bäume sind von wuchernden Seitentrieben und wild ausschiessenden Zweigen geschwächt. Die Vorfahren, die sie pflanzten, schnitten sie jedes Jahr nach der Ernte zurück, damit Saft und Kraft für die nächsten Früchte erhalten blieb. Mit dem Schnitt allerdings lichteten sie nur das Astwerk, trimmten es von den Seiten. In die Höhe durften die Bäume wachsen. Beim Olivenpflücken sind derartige Ungetüme natürlich gefährlich. Als sich noch ganze Familien daran beteiligten, schickte man die Buben, weil sie leichtgewichtig und wendig waren, in die schwindelerregenden Kronen. Tollkühne Grossväter machten es ihnen

Die Mühle der Familie Crespi steht im Hinterland von San Remo, in Ceriana, das sich an den Abgrund über dem Armea zu klammern scheint.

später nach; doch jetzt ist Schluss damit. Die Olivenbauern Liguriens, die fest entschlossen sind zu überleben, stutzen ihre Bäume konsequent. Es sind Massnahmen, die das vertraute Landschaftsbild verändern werden.

Die Abwanderung der Jungen aus dem Hinterland lässt aber nicht nur alte Olivenhaine verwildern. Ein einzigartiges, für Ligurien lebenswichtiges Kulturgut fällt einfach zusammen: Die Stützmäuerchen der Terrassen, die *muri a secco*. Wie geschwungene Bänder ziehen sich die auf- und ineinandergeschichteten Steine von Hang zu Hang, bilden Stufen, halten das Bergland zusammen. Wo sie einstürzen, sind die Wunden unübersehbar: Die Erde rutscht ab, hinterlässt kahle Wüsteneien. Den Terrassenanbau haben die ligurischen Bauern vermutlich von denselben Mönchen gelernt, die auch bei der Taggiascaolive Pate standen. Für Generationen von Menschen bedeutete diese Art Landwirtschaft reine Schinderei, aber sie war – und ist weitenteils noch – die einzig mögliche. Wenn die Alten beim Olivenpflücken ihre Erinnerungen aufwärmen, erzählen sie von den Steinen, die sie aus den Bachbetten hinauf in ihre *uliveti* schleppten. Vom Aufschichten, Brocken auf Brocken, die Zwischenräume mit kleingeklopften Platten und Kieseln ausgefüllt. Der Bau der chinesischen Mauer kann nicht anstrengender gewesen sein.

Einer, der sein ganzes Leben in den *uliveti* verbracht hat, ist Livio Crespi. Der über siebzigjährige Mann, so knorrig und zäh wie seine Bäume, gehört zu einem Geschlecht von Ölmüllern, die immer zugleich auch Olivenbauern waren. Die Mühle der Familie Crespi steht im Hinterland von San Remo, in Ceriana, das sich an den Abgrund über dem Armea zu klammern scheint. Selbst heute, per Auto, ist ein Ausflug in dieses schluchtartige Tal beeindruckend. Livio Crespi erinnert sich an abenteuerliche Unternehmen, als er seinen Onkel jeweils mit einer Fuhre Olivenöl nach Imperia begleitete. Zwei Maultiere seien nötig gewesen, um den Wagen bergauf zu ziehen. Ging es talabwärts, spannte der Onkel eines der Tiere hinter das Gefährt und ihn, den Buben, gleich mit, und alle mussten sich ins Zeug legen, um zu bremsen. Andere Eindrücke aus dem bäuerlichen Alltagsleben machte er sich schliesslich zum Geschäft: Wie etwa die eingemachten Oliven, von denen sich die Bauern in guten Erntejahren einen Vorrat anlegten. Oder die getrockneten und später in Olivenöl eingelegten Tomaten: Die Bewohner des Armeatals benutzten zum Trocknen die Ziegeldächer, die sich in der Sonne wie Öfchen aufheizen. Die halbierten Früchte legten sie auf Gitter, welche sie abends, wenn die Luft feucht wurde, wieder ins Haus nahmen. Es war ein sehr aufwendiges Vorgehen, das heute niemand mehr praktiziert. Livio Crespi schenkte seinen Kunden, die von ihm Olivenöl kauften, gelegentlich ein Glas mit derart «Selbstgemachtem». Er erlebte sehr unterschiedliche Reaktionen, auch, dass italienische Händler ihm ins Gesicht lachten, wenn sie die kleinen Taggiascaoliven sahen: «Crespi, ich will Öl verkaufen!» Heute hat sich das Blatt gewendet, aber wie beim Propheten im eigenen Land kam der Erfolg zuerst im Ausland. In England und Amerika machte sich der Trend zu mediterraner Ernährung schon vor Jahren bemerkbar, so dass das Familienunternehmen Crespi zum wichtigsten Arbeitgeber von Ceriana geworden ist. Wenn im Sommer die Olivengärten den Zikaden gehören und die Mühle stillsteht, verarbeitet der Betrieb Körbe voller Basilikum zu Pesto, trocknet Tomaten in einer speziellen Ofenanlage, püriert Oliven zu Paste, legt Artischocken in Öl ein. Dass es möglich ist, auch mit modernen technischen Mitteln ein gutes Produkt zu machen, beweisen verschiedene Auszeichnungen: Der Pesto zum Beispiel trägt das Gütesiegel des Ordine dei Cavalieri della Confraternità del Pesto (Seite 72). Und was das Olivenöl aus dieser Mühle betrifft, so gehört es zu den elegantesten, die es in Ligurien gibt.

Noli war wie Genua eine selbständige Republik. Altstadtgässchen wie dieses vermitteln denn auch noch immer ein Stück Geschichte.

«Dâ Casetta»

und seine Rezepte
*Piazza San Pietro,
17022 Borgio-Verezzi*

Es war der Garten von Papa Piero, in dem die Idee mit der Trattoria keimte. Und weil Mamma Elda schon immer als vorzügliche Köchin galt, waren es bis zur Verwirklichung des Traums nur noch ein paar Schritte. Mittlerweile ist der kleine Familienbetrieb an der Piazza San Pietro zur beliebten Adresse für unprätentiöse, traditionelle Gerichte geworden. Aus Papa Pieros Gemüse entstehen in der Küche die schmackhaften Suppen, «Ripieni» oder Torten, seine Hühner liefern die Eier, und wenn es festlich zu und her geht, schickt er auch mal einen Truthahn oder eine Gans nach. Für das Wohl der Gäste sorgen «die Kinder» Cinzia, Pierpaolo und Roberto, nicht zu vergessen Chiara, die Enkelin.

Antipasti dell'orto
Verschiedene Vorspeisen mit Gemüse

Verdure ripiene
Gefülltes Gemüse

500 g möglichst kleine Zucchini, evtl. zusätzlich anderes Gemüse (Auberginen, Zwiebeln u.a.)
1 hartgekochtes Ei
1–2 Scheiben Mortadella
Majoran, Petersilie, Oregano und andere Kräuter
1 Knoblauchzehe
1–2 gekochte Kartoffeln
1 rohes Ei
1 EL geriebener Parmesan
Salz
Olivenöl extra vergine

Die Zucchini und das andere Gemüse in Salzwasser blanchieren und auskühlen lassen, dann der Länge nach halbieren und aushöhlen. Das ausgehöhlte Mark fein hacken, ebenso das gekochte Ei, die Mortadella, die Kräuter und den Knoblauch. Die Kartoffeln zerdrücken und das rohe Ei verquirlen. Mit den anderen kleingehackten Zutaten und dem Parmesan vermengen, mit Salz abschmecken.

Den Ofen auf 180 Grad vorheizen.
Die Masse in die Gemüsehälften füllen, mit Olivenöl beträufeln und im vorgeheizten Ofen rund eine halbe Stunde überbacken. Lauwarm servieren.

Der kulinarische Tip: Bei einer Auswahl verschiedener Gemüse sollte möglichst auch die Füllung verschieden schmecken. Vermengen Sie zum Beispiel das ausgekratzte Mark von jedem Gemüse getrennt mit etwas von der Grundmischung, und würzen Sie jede mit einem anderen Kräutlein. Gefüllte Auberginen variiert Mamma Elda gern mit einem Löffel Tomatensauce, bei Peperoni (Paprika) lässt sie die Kartoffeln weg und ergänzt die Füllung mit schwarzen Oliven.

Pizzette
Warme Tomatenbrötchen

200 g Pizzateig (Rezept Foccaccia, Seite 40)	**D**en Pizzateig ½ cm dick ausrollen und nochmals etwas aufgehen lassen. Den Ofen auf 210 Grad vorheizen. Die Tomaten und den Mozzarella in dünne Scheiben schneiden. Vom Teig kleine runde Plätzchen ausstechen und mit je einer Tomaten- und Mozzarellascheibe belegen. Mit Salz und Oregano würzen, etwas Olivenöl darübertröpfeln und die Pizzette im vorgeheizten Ofen rund 10 Minuten backen.
2–3 Tomaten	
100 g Mozzarella	
Salz	
Oregano	
Olivenöl extra vergine	

Friggione
Geschmorte Zwiebeln mit Tomaten

2–3 rote Zwiebeln
2–3 EL Olivenöl extra vergine
2–3 Tomaten
½ TL Zucker
Salz und Pfeffer

Für Mamma Elda ist dieser «Friggione» mit frühesten Kindheitserinnerungen verbunden. «Die Mutter bereitete ihn im Sommer frühmorgens zu, dann ging man zur Arbeit und genoss bei der Rückkehr das angenehm kühle Zwiebelgemüse», erzählt sie.

Die Zwiebeln in Streifen schneiden und mit dem Öl in einen Topf geben. Vorsichtig erhitzen und die Zwiebeln langsam dünsten, ohne dass sie braun werden. Die Tomaten häuten, entkernen, hacken und hinzufügen. Mit Zukker, Salz und Pfeffer würzen. Zudecken und bei schwacher Hitze rund 1½ Stunden schmoren lassen. Am besten lauwarm zu einem Stück Gemüsetorte geniessen.

Minestrone alla genovese
Gemüsesuppe mit Pesto

½ Zwiebel
2 Knoblauchzehen
1 Gewürzsträusschen aus Lorbeer, Petersilie, Bleichsellerie
2 mittelgrosse, geschälte Kartoffeln
100 g Gartenkürbis
100 g Zucchini
100 g Blumenkohl
100 g grüne Erbsen
100 g dicke Bohnen
100 g grüne Bohnen
1 reife gehäutete Tomate
1 Aubergine
Salz
Pfeffer
Olivenöl extra vergine
100 g Nudeln (zerkleinerte Bandnudeln oder Röhrennudeln)
4 EL Pesto alla genovese (Seite 72)

Die Zusammensetzung dieser traditionellen Gemüsesuppe ändert sich mit jeder Jahreszeit. Im Winter nimmt die Artischocke die Stelle der Aubergine ein, dazu kommen die getrockneten Bohnen, keine Zucchini, dafür aber Lauch. Was nie fehlen darf, ist der Pesto.

Die Schnittfläche der Zwiebel anrösten. Zusammen mit dem gequetschten Knoblauch und dem Gewürzsträusschen in einen Topf mit rund 2 Liter Wasser geben. Zum Kochen bringen und salzen.

Kartoffeln, Kürbis, Zucchini, Blumenkohl, Tomate und Aubergine grob würfeln und hinzufügen, ebenso die Erbsen und Bohnen. Das Ganze rund 40 Minuten köcheln lassen. Die Kartoffeln und einen Teil des Gemüses herausnehmen, pürieren und zurück in den Topf geben. Die Suppe abschmecken und zuletzt noch mit 2–3 Esslöffeln Olivenöl und den Nudeln ergänzen. Weiterkochen, bis die Teigwaren gar sind, den Pesto unterrühren und servieren.

Pansotti alla salsa di noci
Gefüllte Nudeln mit Nusssauce

Nudelteig:
300 g Hartweizendunst oder Teigwarenmehl
3 Eier
evtl. etwas Wasser

Füllung:
300 g Mangold-, Spinat- und Borretschblätter
1 Zwiebel
100 g Ricotta
1 Ei
2 EL geriebener Parmesan
Salz und frisch gemahlener Pfeffer

Nusssauce:
200 g Walnusskerne
1–2 Knoblauchzehen
1 Scheibe Weissbrot, ohne Rinde, in Milch eingelegt
ein wenig frischer Majoran
1 EL geriebener Parmesan
1–2 EL ligurisches Olivenöl extra vergine

«Pansotti» heisst, ungefähr übersetzt, «Dickbäuche». Sie sind denn auch die etwas prallere Version der Ravioli, und sie werden immer von einer Nusssauce begleitet.

Den Hartweizendunst mit den Eiern und bei Bedarf ein wenig Wasser zu einem geschmeidigen Teig kneten. Diesen eine gute halbe Stunde ruhen lassen.

Für die Füllung die Mangold-, Spinat- und Borretschblätter blanchieren, gut abtropfen lassen und hacken. Die Zwiebel ebenfalls hacken und dünsten. Alle Zutaten gründlich vermengen.

Den Teig möglichst dünn ausrollen und in 8×8 cm grosse Quadrate schneiden. Je einen Teelöffel Füllung in die Mitte der Teigplätzchen geben, diese an den Rändern anfeuchten und zu einem Dreieck falten. Die Ränder zum Verschliessen gut zusammendrücken und dann die zwei Enden der Faltkante aufeinanderkleben, so dass die Form einer Bischofsmütze entsteht. Etwas trocknen lassen, dann in siedendem Salzwasser garen.

Die Walnüsse für die Sauce blanchieren und häuten, dann mit dem Knoblauch und den anderen Zutaten zu einer dickflüssigen Paste mixen. Unter die abgetropften Pansotti mischen.

Der kulinarische Tip: Mamma Eldas Nusssauce hat ein Geheimnis, das sie sich für die Leser dieses Buches entlocken liess. Statt wie sonst üblich Walnüsse verwendet sie Pinienkerne, weil diese die Sauce noch feiner machen. Wie sie berichtet, riet ihr ein Schiffskoch, der in der ganzen Welt herumgekommen war, zu dieser delikaten Änderung.

Gefüllte Nudeln mit Nusssauce

La frittura alla ligure
Fritiertes Allerlei

Im «Dâ Casetta» besteht diese «Frittura» aus mehreren Gängen. Erst serviert man die verschiedensten Kräuter und bestimmte Gemüse, dann Pilze und weiteres Gemüse und am Schluss noch allerlei Fischchen oder Würstchen und Lammkoteletts. Das Fleisch gehöre aber eher zur piemontesischen Tradition, korrigiert Mamma Elda ihre Version. Eine ligurische «Frittura» sei im Grunde genommen vegetarisch.

Aus Mehl, Eiern, Wasser und Salz einen dickflüssigen Ausbackteig rühren und diesen mindestens 15 Minuten ruhen lassen.

Dann nach Belieben und individueller Wahl die Kräuterzweige, die Gemüsestücke, Pilze und nach Wunsch das Fleisch durch den Teig ziehen und in heissem Olivenöl schwimmend ausbacken. Auf Küchenpapier abtropfen lassen und knusprig heiss servieren.

Zweige von verschiedenen Kräutern, wie z. B. Salbei, Rosmarin, Petersilie
Gemüse, wie z. B. Fenchel, Zwiebeln, Auberginen, roh in Scheiben geschnitten
verschiene Pilze, ganz oder in Scheiben geschnitten
nach Belieben kleine Würstchen, Innereien und Fleischstücke

Ausbackteig:
250 g Mehl
2 Eier
100 ml Wasser
Salz
Olivenöl zum Ausbacken

Coniglio all'aggiadda
Kaninchen mit Knoblauch

«All'aggiadda» bezeichnet eine traditionelle ligurische Zubereitungsart, bei der in Essig eingelegtes Brot und Knoblauch im Mörser zerstampft und zum gebratenen Fleisch oder Fisch gegeben werden. Ein alter Klassiker ist die damit gewürzte gebratene Leber, «Fegato all'aggiadda». Das Kaninchen, wie es Mamma Elda serviert, verschmilzt mehrere dieser alten Elemente mit neuen.

In einem Brattopf das Olivenöl erhitzen und den Bauchspeck glasig braten, die Knoblauchzehen und Lorbeerblätter hinzugeben, dann die Kaninchenstücke und diese von allen Seiten anbraten. Leicht salzen, die Kräuter sowie den Peperoncino beifügen und mit Weisswein ablöschen. Etwas Fleischbrühe dazugiessen, zudecken und unter öfterem Begiessen eine knappe Stunde schmoren, dabei gelegentlich etwas Brühe nachgiessen.

Das in Essig eingelegte Brot ausdrücken, die Knoblauchzehen aus dem Brattopf nehmen und beides mit der Leber zusammen pürieren. Das Püree unter die Sauce rühren und wenige Minuten ziehen lassen.

Mit Karotten, Spinat oder anderem Blattgemüse servieren.

1 EL Olivenöl extra vergine
80 g Bauchspeck, in Streifchen geschnitten
3–4 Knoblauchzehen
2 Lorbeerblätter
1 Kaninchen, in Stücke zerlegt
Salz
1 Zweig Rosmarin
1 Zweig Salbei
1 kleines Stück fein gehackter, scharfer Peperoncino (Chili)
100 ml trockener Weisswein
¼ l heisse Fleischbrühe
1 Scheibe Weissbrot, ohne Rinde, in Essig eingelegt
1 Kaninchenleber

Kaninchen mit Knoblauch

Gefüllte Pfirsiche

Pesche ripiene
Gefüllte Pfirsiche

4 reife, aber festfleischige Pfirsiche
50 g Amaretti
50 g Löffelbiscuits
1 Eigelb
Zucker
1 EL Amaretto-Likör
4 geschälte Mandeln
Butterflöckchen

Diese Nachspeise verrät deutlich die fliessenden kulinarischen Grenzen zwischen Piemont und Ligurien. In beiden Regionen ist sie sehr populär.

Den Ofen auf 210 Grad vorheizen. Die Pfirsiche halbieren und etwas aushöhlen. Das ausgekratzte Fruchtfleisch mit den zerbröselten Amaretti, Löffelbiscuits, dem Eigelb, etwas Zucker und Amaretto-Likör vermengen. Die Masse in die ausgehöhlten Pfirsiche füllen, mit Mandeln und mit Butterflöckchen garnieren. Im vorgeheizten Ofen ca. 20 Minuten überbacken.

«Canon d'oro»

und seine Rezepte
Via Boeri 32, 18010 Badalucco

Paolinetta Panizzi und ihr «Canon d'oro» sind die Zeugen eines verblassenden Kapitels der ligurischen Gastronomiegeschichte. Diese Geschichte ist geprägt von einfachen Trattorien, geführt von natürlich begabten Köchinnen, die sich meistens durch eine starke Persönlichkeit auszeichneten. Zu Signora Paolinetta pilgerten denn vor Jahrzehnten schon Beamte, Journalisten, Arbeiter und ganze Familien in das obere Stockwerk der völlig unscheinbaren Dorfkneipe, und weil die Bohnenküchlein oder der Kaninchenbraten so gut schmeckten und die dampfenden Ravioliscchüsseln mit solch energischer Mütterlichkeit auf den Tisch kamen, störte es niemanden, in Tuchfühlung mit dem anderen zu sitzen. Daran hat sich wenig geändert. Nur gerade soviel, dass Signora Paolinetta und ihr «Canon d'Oro» alt geworden sind. Mögliche Nachfolger? Eine Pizzeria gibt es an der Via Boeri in Badalucco noch nicht …

Farfalline al sugo
Schmetterlingsnudeln mit Tomaten-Fleischsauce

Grüner Nudelteig:
100 g Mangold- oder Spinatblätter
350 g Weissmehl
1–2 Eier

Sugo:
1 Zwiebel
1 Knoblauchzehe
1 Karotte
1 Stengel Bleichsellerie
1 milder Peperoncino (Cili)
2 Lorbeerblätter
1 Zweig Rosmarin
250 g gehacktes Rindfleisch
500 g Tomaten, gehäutet und halbiert
Salz und Pfeffer aus der Mühle
100 ml Rotwein
Olivenöl extra vergine

Im Argentinatal heissen diese Farfalline auch «Lasagne», was bei Nicht-Eingeweihten leicht zu Missverständnissen führt. Früher gab es sie nur am Sonntag oder zu besonderen Festen.

Für die Nudeln die Mangold- oder Spinatblätter blanchieren, gut ausdrücken und fein hacken. Das Mehl mit den Eiern und dem gehackten Spinat zu einem geschmeidigen Teig kneten und diesen eine halbe Stunde ruhen lassen. Anschliessend von Hand oder mit der Pastamaschine dünn auswalzen und mit dem Teigrädchen in 5×6 cm grosse Rechtecke schneiden. Jedes Teigstück in der Mitte so zusammenraffen und festdrücken, dass es wie ein Schmetterling aussieht. Eine Weile trocknen lassen.

Für den Sugo Zwiebel und Knoblauch hacken, die Karotte, den Sellerie und den Peperoncino ganz fein schneiden und alles in heissem Olivenöl anziehen lassen. Lorbeer und Rosmarin und dann das Rindfleisch hinzugeben und dieses gut anbraten. Die Tomaten untermengen, mit Salz und Pfeffer würzen, mit Rotwein ablöschen. Zugedeckt zwei Stunden köcheln lassen.

Die Farfalline in siedendem Salzwasser kochen, abtropfen lassen. Mit der Sauce mischen und heiss servieren. Nach Belieben geriebenen Parmesan dazu reichen.

Frittelle di fagioli
Bohnenküchlein

2 Tassen eingeweichte weisse Bohnen
125 g Mehl
1 Ei
ca. 100 ml kohlensäurehaltiges Mineralwasser
Majoran und Petersilie, gehackt
1 Knoblauchzehe, gepresst
Salz und Pfeffer aus der Mühle
Olivenöl extra vergine

Einmal war Badalucco berühmt für seine Bohnen. Heute haben viele Gärtner den Anbau zugunsten der Blumenzucht aufgegen. «Diese ist rentabler», meint Signora Paolinetta.

Die Bohnen in frischem Wasser weich kochen, abtropfen und auskühlen lassen.

Das Mehl in eine Schüssel sieben und mit dem Ei und dem Mineralwasser zu einem flüssigen Teig verrühren. Mit Kräutern, Knoblauch, Salz und Pfeffer würzen und mindestens zwei Stunden ruhen lassen.

Die Bohnen leicht zerdrücken, unter den Teig mengen und die Masse löffelweise in heissem Olivenöl goldbraun backen.

Pollo e peperoni
Huhn mit Peperoni

1 Brathuhn
2 Zwiebeln
4 Knoblauchzehen
2 Zweige Rosmarin
2 Lorbeerblätter
100 ml trockener Weisswein
3–4 verschiedenfarbige Peperoni (Paprika)
3 Stengel Petersilie
Salz und Pfeffer aus der Mühle
Olivenöl extra vergine

Signora Paolinetta bestellt ihre Hühner – wie auch die Kaninchen und das übrige Fleisch – beim Dorfmetzger. Die Brötchen zum Auftunken der leckeren Sauce holt sie beim Bäcker, das Gemüse beim Händler. «Ich mache es wie die anderen Hausfrauen», sagt sie, «nur ist meine Familie grösser.»

Das Huhn in Stücke zerlegen und mit einer geviertelten Zwiebel, drei Knoblauchzehen, einem Rosmarinzweig und den Lorbeerblättern in heissem Olivenöl gut anbraten. Salzen und pfeffern, die Hitze reduzieren und das Huhn unter fleissigem Wenden und Begiessen mit dem Bratensaft etwa eine halbe Stunde weiterbraten. Den Weisswein darübergiessen und eine weitere halbe Stunde schmoren lassen.

Inzwischen die verbliebene Zwiebel in Streifen schneiden und die letzte Knoblauchzehe hacken. Die Peperoni (Paprika) entkernen und ebenfalls in Streifen schneiden. In einer separaten Pfanne Olivenöl erhitzen und das Gemüse darin anziehen lassen. Mit Salz, Pfeffer und dem restlichen Rosmarin würzen, die Hitze reduzieren und unter häufigem Wenden rund 40 Minuten weich garen. Zuletzt die fein gehackte Petersilie untermischen.

Das fertig gebratene Huhn auf vorgewärmte Teller anrichten und mit dem Peperonigemüse garnieren.

Huhn mit Peperoni

Bugie
Fritierte Küchlein

200 g Weissmehl
1 EL Zucker
abgeriebene Schale von einer Zitrone
3 EL Weisswein und evtl. etwas Wasser
2 EL Olivenöl
Olivenöl zum Ausbacken
Puderzucker zum Bestäuben

Diese in ganz Ligurien beliebten Küchlein heissen im Argentinatal «Crustuli» und waren einmal die typische Fastnachtsspezialität. Heute gibt es sie auch an anderen Festtagen.

Das Weissmehl auf ein Brett sieben. Mit den anderen Zutaten zu einem Teig kneten und diesen etwas ruhen lassen. Den Teig in drei Portionen teilen und jede sehr dünn ausrollen. Die Teigscheiben mit Öl bepinseln, aufeinanderlegen und das Ganze erneut möglichst dünn ausrollen.

Mit dem Teigrädchen Bänder und Rhomben ausschneiden und diese in heissem Olivenöl fritieren. Auf Küchenpapier abtropfen lassen, mit Puderzucker bestäuben und möglichst frisch geniessen.

Fritierte Küchlein

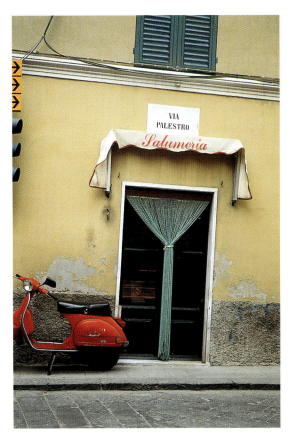

«Da Claudio»

und seine Rezepte
*Via XXV Aprile, 37,
17042 Bergeggi*

Wer die Küstenstrasse verlässt, um die scharfen Kurven des Monte Mao zu bezwingen, wird, oben angekommen, geradewegs verführt: Durch den traumhaften Blick auf das Meer, die einlullenden Gerüche von Pinienharz, wildem Thymian und Zitronenblüten und nicht zuletzt durch eine Küche der raffiniertesten Schlichtheit. Herrscher über dieses Paradies ist Claudio Pasquarelli, der seinen kulinarischen Stil selber als «ligurisch-mediterran und meerwärts orientiert» bezeichnet. Die Hauptrolle spielen Fisch und Meeresfrüchte, die er am liebsten ohne grossen Firlefanz zur Geltung bringt. Auf typisch ligurische Art vertraut er der Wirkung einheimischer Produkte – Olivenöl, Kräuter, Zitrusfrüchte –, was aus jedem Gericht ein Sinneserlebnis macht. «Da Claudio» verführt übrigens auch als kleines, elegantes Hotel, dessen Zimmer als eigentliche Logenplätze für die prächtigsten Sonnenaufgänge konzipiert sind.

2 Seezungenfilets
2 Wolfsbarschfilets
4 kleine Kalmare
4 Langustinen
4 Garnelen
12 Venus- oder Miesmuscheln
80 g grüne Bohnen
gemischte Salatblätter, je nach Jahreszeit zusammengestellt
1 Bund frisches Basilikum

Sauce:
3 EL Zitronensaft
Salz
6 EL Olivenöl extra vergine

Mosaico di mare al profumo di basilico
Meeresmosaik mit dem Duft von Basilikum

Diese im Dampf gegarten Fische und Meeresfrüchte müssen vor allem ganz frisch sein. Für welche Sorten und welche Zusammensetzung Sie sich entscheiden, hängt letztlich von dieser Voraussetzung ab.

Die Seezungenfilets halbieren und aufrollen, dann die Wolfsbarschfilets in 6 Stücke schneiden. Die Kalmare säubern (falls nicht schon vom Fischhändler besorgt), die Muscheln unter fliessendem kaltem Wasser gut abbürsten, vom Bart befreien und allfällige Sand- und Kalkreste gründlich entfernen.

Die grünen Bohnen in Salzwasser knackig-weich blanchieren. Die Fischfilets mit den anderen Meerestieren und den Muscheln im Dampf garen.

Zum Anrichten tiefe Teller sternförmig mit Salatblättern auslegen. Fisch, Meeresfrüchte und Bohnen dekorativ darauf verteilen und mit den Basilikumblättern bestreuen. Die Zutaten für die Sauce gut verrühren und darübergiessen.

Meeresmosaik mit dem Duft von Basilikum

Terrina di rana pescatrice all'olio extra vergine

Fisch-und-Meeresfrüchte-Terrine mit Olivenöl

150 g grosse Borretschblätter oder ersatzweise Spinatblätter
450 g Seeteufelfilets
1 Languste
4 Langustinen
4 Blätter Gelatine, am besten «Colla di pesce», Fischgelatine
Salz
Pfeffer aus der Mühle

Schnittlauch, Meerfenchel oder grüne Salatblätter
ligurisches Olivenöl extra vergine

Alte Fotos zeigen den Strand von Bergeggi mit vielen kleinen Fischerbooten. Bis nach Cannes und Saint-Tropez waren die Trattorien dieser Gegend berühmt für ihre Fische und Meeresfrüchte.

Die Borretsch- oder Spinatblätter kurz blanchieren, in Eiswasser abschrecken und gut abtropfen lassen. Eine rechteckige Terrinenform damit so auskleiden, dass die Blätter über den Rand hängen.

Den Ofen auf 240 Grad vorheizen.

Die Languste und die Langustinen kopfüber in sprudelnd kochendes Wasser geben. Nach 5 Minuten herausnehmen, die Schwänze abtrennen und aus den Schalen lösen. Die Seeteufelfilets salzen und im Dampf garen. Die Gelatineblätter in kaltem Wasser einweichen.

Die Hälfte der Fischfilets in die Terrinenform geben, darauf ein tropfnasses Blatt Gelatine legen. Dann in weiteren Schichten den ausgelösten Langustenschwanz, die Langustinen und die restlichen Fischfilets einfüllen; jede Schicht mit einem tropfnassen Blatt Gelatine abdecken. Die überstehenden Borretsch- oder Spinatblätter als Deckel darüberklappen und, falls nötig, weitere Borretschblätter darüberlegen.

Die Terrine zugedeckt in ein Wasserbad stellen und im vorgeheizten Ofen eine knappe Viertelstunde pochieren. Auskühlen und mindestens 10 Stunden im Kühlschrank ruhen lassen.

Zum Anrichten in Scheiben schneiden, mit Schnittlauch, Meerfenchel oder grünen Salatblättern garnieren und mit Olivenöl beträufeln.

Der kulinarische Tip: «Colla di pesce», eine reine Fischgelatine, ist bei uns nur schwer aufzutreiben. Gewöhnliche Gelatineblätter sollte man mit Vorteil in ein wenig Fischfond auflösen (1 EL Fischfond pro Gelatineblatt).

Fisch-und-Meeresfrüchte-Terrine mit Olivenöl

Bouquet di crostacei agli agrumi mediterranei
Mediterranes Bouquet aus Krustentieren und Zitrusfrüchten

2 Langustinen
2 kleine Hummer
2 Heuschreckenkrebse
8 Riesengarnelen
200 g grüne Salatblätter, z.B. von Endivie, Cicorino oder Rucola
1 Orange
1 rosa Grapefruit

Sauce:
½ Orange, Saft
⅓ Grapefruit, Saft
1 Zitrone, Saft
ca. 80 ml ligurisches Olivenöl extra vergine
frische Thymianblättchen
1 Prise fein gehackter scharfer Peperoncino (Chili)
Salz

Diese Krustentiere aus dem ligurischen Meer sind eine Delikatesse. Zusammen mit dem bitter-säuerlichen Aroma der Zitrusfrüchte, denen ihrerseits wieder das Olivenöl schmeichelt, entsteht eine schlicht umwerfende Komposition.

Lebende Krustentiere kopfvoran in kochendes Wasser geben und je nach Grösse 3–10 Minuten pochieren, dann herausheben und der Länge nach halbieren. Tiefgekühlte Krustentiere im Dampf weich garen, die Riesengarnelen eventuell kurz vor dem Anrichten braten.

Die Orange und die Grapefruit mit einem scharfen Messer schälen und die Filets auslösen. Die Schalen – ohne das bittere Weisse – in ganz feine Streifen schneiden.

Zum Anrichten die Teller mit Salatblättern auslegen, dann die Krustentiere dekorativ darauf verteilen. Mit den Orangen- und Grapefruitfilets und Schalenstreifen garnieren.

Die Zutaten für die Sauce glattrühren und über die Krustentiere und Zitrusfrüchte giessen.

Triglie di scoglio al profumo delle olive Taggiasca e del vino Pigato
Streifenbarben mit den auserlesenen Aromen der Riviera

8 Streifenbarben oder rote Meerbarben
1 Tomate
1 Bund Petersilie
Meersalz
Peffer aus der Mühle
1 EL entsteinte Taggiascaoliven (oder andere kleine schwarze Oliven)
100 ml Pigato (oder ein anderer trockener Weisswein)
2 EL ligurisches Olivenöl extra vergine

Garnitur:
4 kleine noch ofenwarme Brötchen
Olivensauce (Seite 29)

Die Meerbarben und die kleinen, schwarzen Taggiascaoliven ergeben zusammen mit dem besonderen ligurischen Öl eine perfekte geschmackliche Harmonie.

Den Fisch schuppen und filetieren oder dies vom Fischhändler besorgen lassen. Die Tomate häuten, entkernen und klein würfeln, die Petersilienblätter hacken.

Einen Esslöffel Olivenöl in einer Bratpfanne erhitzen, die Tomatenwürfel darin anziehen lassen und die Petersilie daruntermengen. Die Fischfilets mit der Hautseite nach unten darauflegen, leicht salzen und pfeffern. Die Oliven hinzugeben, mit dem Wein ablöschen und bei mässiger Hitze rund 4 Minuten dünsten.

Die Fischfilets fächerförmig auf vorgewärmte Teller anrichten, die Sauce dazugeben und noch etwas Olivenöl darüberträufeln. Kleine, noch leicht warme Brötchen in der Mitte durchschneiden, mit Olivenpaste bestreichen und als Beilage dazu servieren.

Mediterranes Bouquet aus Krustentieren und Zitrusfrüchten

Streifenbarben mit den auserlesenen Aromen der Riviera (Rezept Seite 63)

Fazzoletti di pasta al basilico con branzino
Nudelblätter mit Basilikum und Wolfsbarsch

Nudelteig:
500 g Weissmehl
4 Eier
2 EL Olivenöl extra vergine
50 g Basilikumblätter, in Streifen geschnitten
½ TL Salz, evtl. in etwas Wasser aufgelöst

80 g grüne Bohnen
320 g Wolfsbarschfilet, ohne Haut und Gräten
Salz
200 g Pesto (Seite 72), am besten ohne Käse zubereitet
ligurisches Olivenöl extra vergine
Basilikumblätter

Diese «Fazzoletti» sind ein Mittelding zwischen Bandnudeln und Ravioli. Ihre Grösse passt ideal zum intensiven Basilikumgeschmack und zu den Fischstücken. «Fazzoletti» mit Pesto gehören auch zu den traditionellen Pastagerichten des Finalese.

Das Mehl auf ein Brett sieben, in die Mitte eine Mulde drücken und die aufgeschlagenen Eier, das Olivenöl, den Basilikum sowie das (aufgelöste) Salz hineingeben. Die Zutaten miteinander vermengen und zu einem geschmeidigen Teig kneten. Diesen mindestens eine halbe Stunde ruhen lassen, dann möglichst dünn ausrollen und in 6×6 cm grosse Quadrate schneiden.

In einem grossen Topf reichlich Wasser zum Sieden bringen, salzen und die grünen Bohnen darin rund 5 Minuten halbweich garen. Den Fisch in mundgerechte Stücke schneiden und zu den Bohnen ins siedende Wasser geben. Nach 30 Sekunden die Nudelteigblätter hinzufügen und 1–2 Minuten weiterkochen. Dann das Wasser abgiessen, Nudeln, Fisch und Bohnen gut abtropfen lassen und auf vorgewärmte Teller anrichten.

Auf jede Portion einen Löffelvoll Pesto geben, Olivenöl darüberträufeln und mit Basilikumblättern garnieren.

Nudelblätter mit Basilikum und Wolfsbarsch

Steinbutt mit Steinpilzen

Rombo chiodato ai funghi porcini
Steinbutt mit Steinpilzen

4 Steinbuttfilets à 150 g, ohne Haut und Gräten
500 g Steinpilze
2 Knoblauchzehen
1 Bund Petersilie
125 ml ligurisches Olivenöl extra vergine
100 ml trockener Weisswein
Salz
Pfeffer aus der Mühle

Die Kombination – Fisch und Steinpilz – ist in der ligurischen Küche beliebt. Sie gelingt aber nur mit frischen Steinpilzen. Bei getrockneten wäre das Aroma zu intensiv.

Die Fischfilets mit Haushaltpapier gut trockentupfen. Die Pilze putzen und in feine Scheibchen schneiden, den Knoblauch und die Petersilie hacken.

In einer Bratpfanne 50 ml Olivenöl erhitzen und die Pilze mit dem Knoblauch und der Petersilie darin rund 2 Minuten braten. Mit dem Weisswein ablöschen, leicht salzen und pfeffern.

In einer zweiten Bratpfanne nochmals 50 ml Olivenöl sachte erhitzen und die Fischfilets darin auf beiden Seiten je 2 Minuten braten. Ebenfalls leicht salzen und pfeffern.

Zum Anrichten erst die Pilze auf vorgewärmte Teller geben, die Fischfilets darauflegen und zum Schluss noch etwas Olivenöl darüberträufeln.

Der kulinarische Tip: Alternativen zum Steinbutt sind Seezunge, Scholle und Petersfisch.

Spuma ai frutti di bosco
Beerenschaum

50 g Walderdbeeren
50 g Heidelbeeren
50 g Himbeeren
100 g Rahm
50 g Eiweiss
(von 2 kleinen Eiern)
100 g Zucker
1 Blatt Gelatine

Diese «Spuma» ist eine raffinierte Ergänzung zu den in Ligurien sehr beliebten Beerendesserts.

Die Beeren fein pürieren und den Rahm steif schlagen. Das Eiweiss zu Schnee schlagen und mit 80 g Zucker vermengen. Die Gelatine einweichen, im Wasserbad schmelzen und unter die Eiweiss-Zucker-Masse mischen. Die Hälfte des Beerenpürees unter den geschlagenen Rahm und diese Mischung dann unter die Eiweiss-Zucker-Masse ziehen. In kleine Puddingförmchen füllen und 30 Minuten im Kühlschrank fest werden lassen.

Das restliche Beerenpüree mit den verbliebenen 20 g Zucker aufkochen, auskühlen lassen und als Spiegel auf vier Teller giessen. Den erstarrten Beerenschaum darauf stürzen und nach Belieben dekorieren.

Der kulinarische Tip: Claudios Küchenchef und Patissier Giorgio Baracca kleidet die Puddingförmchen mit fein geschnittenen Erdbeeren aus, bevor er die Masse zum Festwerden einfüllt. Diese ergeben nach dem Stürzen ein dekoratives Muster.

Piramide di cioccolato
Schokoladenpudding

⅓ l Milch
4 Eigelb
200 g Zucker
2 Blatt Gelatine
35 g weisse Schokolade
35 ml weisser Rum
¾ l Rahm

Ausser dem Rum, den die ligurischen Seefahrer mit nach Hause brachten, und der Schokolade, die der Genuese Christoph Kolumbus auf seiner vierten Reise in die Neue Welt kennenlernte, erinnert nichts mehr an diesem Pudding an Nonnas Hausrezept. Doch eine Wonne ist er auch so.

Die Milch zum Sieden bringen. Die Eigelb mit dem Zucker schaumig rühren. Die Gelatine in kaltem Wasser einweichen. Die zerbröckelte Schokolade in der heissen Milch schmelzen und diese mit dem Schneebesen unter die Eigelbmasse schlagen. Die ausgedrückte Gelatine hinzugeben und auflösen, dann den Rum untermischen. Die Masse auf Eis rasch abkühlen, dann eine halbe Stunde in den Kühlschrank stellen.

Aus dem Kühlschrank nehmen und eine Minute langsam rühren. Den Rahm steif schlagen und unterziehen, die Creme in Puddingförmchen füllen und etwa eine Stunde kalt stellen. Zum Servieren stürzen und beliebig dekorieren.

Der kulinarische Tip: Claudio macht den Pudding mit drei verschiedenen Schokolademassen: mit weisser – wie im Rezept –, milchkaffeebrauner und dunkler. Vor dem Stürzen giesst er etwas Schokoladesauce auf die Teller, was einen wirkungsvollen Kontrast ergibt.

Schokoladenpudding

Morgenstimmungen im Finalese, oben Spotorno, unten vom Passo di Melogno aus.

«Ripieni» sind nicht blosse Füllsel

Die Ligurer seien knausrig, ist eine Behauptung, mit welcher die derart Charakterisierten oft selber zu kokettieren scheinen. Gleichsam als kulinarisches Beweisstück führen sie die sogenannten Ripieni auf, also alle diese typischen gefüllten Gemüsehäppchen, Teigtaschen, Kuchen, Sardinen oder was sich sonst noch füllen lässt. Nun mag der Ruf der Sparsamkeit zwar nur bedingt schmeicheln, doch die Fähigkeit, aus Wenigem etwas Gutes zu machen, hat die ligurische Küche nachhaltig geprägt.

«Una cucina di misura» – eine massvolle Küche – nannte sie uns Nando Di Martino von der Trattoria Mela secca, als er von seiner Tante erzählte, die aus der letzten Handvoll Böhnchen, ein paar gesammelten Kräutern und Pilzen noch die unwahrscheinlichsten Mahlzeiten auf den Tisch zauberte. Eine solche Tradition hat ihre Wurzeln in der Not, aus welcher die «Ripieni» schliesslich eine raffinierte Tugend machen. Das vornehmste Beispiel ist die «Torta pasqualina», ein mit Artischocken, Prescinseûa und Eiern gefüllter Kuchen, den man – wie es der Name verrät – an Ostern geniesst. Aus wie vielen Teigblättern diese buchstäblich aufgeblasene Genueser Spezialität zu bestehen hat, liefert den Stoff für Dispute, ohne die die italienische Lebensart nur eine halbe wäre. Die einen beharren auf dreiunddreissig Stück – zehn als Boden, dreiundzwanzig als Deckel –, andere bescheiden sich mit zwölf und gehen dabei vom Alter von Jesus Christus oder von der Anzahl seiner Jünger aus.

Kein Wunder, hat dieses komplizierte Gebilde eine Version für den Alltagsgebrauch: die «Torta verde». Deren grüne Füllung begnügt sich mit gehackten Mangoldblättern, die mit einer cremigen Käsemasse vermengt werden. Ebenfalls eine Genueser Erfindung ist die «Cima alla genovese», eine mit Innereien, Kalbfleisch und Gemüse ausstaffierte Kalbsbrust. Aus der gutbürgerlichen Küche ist dieses imposante, meist kalt aufgeschnittene Fleischstück nicht wegzudenken, so wie auch andere Regionen Italiens den Trick mit dem Füllen übernommen haben. Beispiele sind die «Tasca» des Piemont oder der «Farsumagru» Siziliens.

Auf ländliche Art drall wirken die «Pansotti», die Nudeltaschen mit dem «dicken Bäuchlein». Die Nusssauce dazu, der man orientalische Vorfahren nachsagt, gibt ihnen eine exquisite Note. Mit der Füllung bleiben sie konsequent «al magro» – das heisst vegetarisch –, während diejenige ihrer weitentfernten Verwandten, der Ravioli, sich auch aus Kalbfleisch und nach alter Genueser Tradition zusätzlich Hirn und Bries zusammensetzt. Zwar vertritt Pellegrino Artusi, der unsterbliche Schiedsrichter über italienische Essensfragen, die Meinung, «die ligurischen Ravioli dürften aus ebendiesem Grund gar nicht ‹Ravioli› heissen». Seine Begründung stützt er auf die Etymologie, die das Wort schliesslich von «rapa», einer Kohlart, ableitet.

Und auf grenzenlosem Gebiet tummelt sich die Phantasie ja nun wirklich, wenn es um Gemüse geht. Zum Ausstaffieren reicht in der Regel ein eingeweichtes Brötchen, eine gekochte Kartoffel, die von den intensiv duftenden Kräutern, vielleicht einer Sardelle, ein paar Pilzen und dem Olivenöl ihre Würze erhalten. Ob Artischocken, Zwiebeln, Tomaten, Auberginen, Kürbisse …, aus ihnen entstehen die ureigensten Leckerbissen der ganz einfachen ligurischen Küche.

Torta pasqualina
Gedeckter Gemüsekuchen

Teig:
300 g Weissmehl
½ TL Salz
170 ml warmes Wasser
Olivenöl extra vergine

Füllung:
6 mittelgrosse Artischocken oder 500 g Mangold- oder Spinatblätter
½ EL Mehl
400 Prescinseûa oder Ricotta
abgeriebene Schale von einer Zitrone
80 g geriebener Pecorino sardo oder Parmesan
1 TL Majoran oder Thymian
6 kleine Eier
Salz und Pfeffer aus der Mühle

Gedeckter Gemüsekuchen

Das Mehl für den Teig im Kranz auf ein Brett sieben. Das Salz im warmen Wasser auflösen und dieses zusammen mit einem Esslöffel Öl in die Mulde giessen. Die Zutaten locker vermengen und schliesslich zu einem geschmeidigen Teig kneten. In Folie eingepackt kühl stellen.

Den Frischkäse in aufgespanntem Käseleinen oder einem Sieb abtropfen lassen. Die Artischocken putzen (siehe Seite 98), in Zitronenwasser blanchieren und in Scheibchen schneiden. Mit Mehl bestäuben und mit dem abgetropften Frischkäse, der Zitronenschale, dem Pecorino, dem Majoran, einem Ei, Salz und Pfeffer vermengen.

Den Ofen auf 180 Grad vorheizen.

Den Teig in 12 Portionen teilen, jede davon hauchdünn ausrollen und mit Olivenöl bepinseln. Eine Springform von 20 cm Durchmesser einölen und den Boden mit vier aufeinandergelegten Teigplatten auslegen. Die Gemüsefüllung darauf verteilen, fünf Mulden bilden und in jede ein Ei schlagen. Die restlichen Teigplatten darüberlegen und zwischen die Schichten jeweils etwas Luft blasen, damit der Teig blättrig wird. Den Teigrand verschliessen, die Oberfläche mit Öl bepinseln und den Kuchen rund eine Stunde im vorgeheizten Ofen backen. Lauwarm servieren.

Die Bottega von Angelamaria in Molini di Triora ist ein Treffpunkt für Dorfleute und Schlemmer. Hier findet man Würste, Käse, Honig, Destillate ... oder einfach alles, was Appetit macht.

Basilikum, das Königskraut

Liguriens Küche ist ohne Basilikum unvorstellbar. Denken Sie nur an die Genueser Minestrone oder die «Trenette» mit den Kartoffeln und Bohnen! Und das sind erst zwei herausgepickte Muster. Am eindrücklichsten wirkt das scharf riechende, im Geschmack etwas pfeffrige Würzkraut als Pesto, ein Mus aus den zerstossenen Kräuterblättern, einer Spur Knoblauch, ein paar Pinienkernen sowie Pecorinokäse und kaltgepresstem ligurischem Olivenöl. Dieser Pesto gilt als Wahrzeichen der Genueser Küche, auch wenn das Urrezept dafür vermutlich die griechisch-phönizischen Siedler lieferten, die in der Antike den Mittelmeerraum bevölkerten. Es ist anzunehmen, dass das Basilikum, mit dem man sogar Könige einbalsamierte, einst anders beschaffen war. Die grossen Blätter etwa, die man ihm sukzessive anzüchtete, hatte es bestimmt noch nicht. Das Pflänzchen ist sensibel, erträgt weder Kälte noch Nässe und tut sich auch sonst schwer. In Ligurien und der benachbarten Provence wird es erst seit etwa tausend Jahren kultiviert. Anders als andere Kräuter dieser Gegend, wie etwa der Thymian oder Oregano, lässt es sich aber überhaupt nicht trocknen. Es verliert dabei sein ganzes Aroma, seine Wirkungskraft. Daher ist die Verarbeitung zu Pesto die beste Vorratsmethode geblieben.

Ein Kraut, ein Gärtner und seine Pflückerinnen

An der Riviera di Ponente begannen die Gärtner in den sechziger Jahren, systematisch Basilikum anzubauen. Auch Umberto Ramello gehörte zu ihnen. Wie seine Kollegen pflanzte er in der Ebene von Diano Marina noch Tomaten, Erbsen, und anderes Grünzeug, das auf den Märkten des Nordens als «Primizia» oder Frühjahrsgemüse begehrt war. Mittlerweile jedoch hat sich vieles geändert. Der Konkurrenzdruck von anderen Regionen und Ländern, immer schneller zu liefern und dazu stets billiger, sei enorm geworden, berichtet der Gärtner. Quasi als Gegenmittel ergriff er die Flucht nach vorn und wurde zum Basilikumspezialisten. Nicht, um den Marktpreis zu unterbieten, wie er sagt, sondern um «ein ganz klein bisschen teurer, dafür viel besser zu sein». Das bedeutet, dass er seine Kräuter nur erntefrisch liefert und dass er demnach seine Uhr nach diesen richtet. Kein leichtes Unterfangen. An heissen Tagen zum Beispiel ist die ideale Pflückzeit der Morgen, während schon ein Nachtregen die Ernte hinauszögert. Die Liebesmüh geschieht einzig um des Aromas willen, so wie aus eben demselbem Grund auch stets nur die obersten Pflanzenspitzen abgelesen werden. Im Sommer heuert der Gärtner Pflückerinnen aus Diano und der Umgebung an. Flexibel wie das Wetter eben. «Was wollen Sie?» stellt eine Frau die rhetorische Frage. Früher seien die Ligurer schliesslich über die Grenze nach Frankreich gegangen, um als Taglöhner zu arbeiten.

Die Ritter des wahren Pesto

Es war im grossen Jubiläumsjahr der Entdeckung Amerikas durch Christoph Kolumbus, als ein paar andere kühne Genuesen beschlossen, für ihren Pesto das Banner zu erheben, indem sie den Ordine dei Cavalieri della Confraternità del Pesto gründeten. In den letzten Jahren seien unter der Bezeichnung dieser Basilikumpaste immer mehr ungereimte Produkte auf den Markt gekommen, die mit dem originalen Rezept nur noch wenig gemeinsam hätten, erklärt Dottore Giuseppe Emilio Migliardi und Gran Maestro der Bruderschaft. Sein Protest schiesst denn auch keineswegs ins Leere: Wer den Pesto nicht selber macht, ist bei Fertigprodukten gut beraten, vorerst das Kleingedruckte unter die Lupe zu nehmen. Manche Zusammensetzungen lesen sich so abenteuerlich wie Kolumbus' Seefahrt. Es gibt Hersteller, die «strecken» das Basilikum kaltblütig mit Petersilie oder die Pinienkerne mit irgendwelchen Nüssen, wenn diese nur billiger sind. Den undefinierten Käse «verlängern» sie mit Kartoffeln, und was sie letztlich als Öl verwenden, ist bestenfalls ein raffiniertes Olivenöl, aber sehr selten ein kaltgepresstes, schon gar kein ligurisches. «Damit ist Schluss!» sagten sich also die leckermäuligen Genueser Ritter und zeichnen seither den wahren Pesto alla genovese mit einem Güteband und den Insignien ihres Ordens – einem Mörser mit Basilikum – aus.

Pesto alla genovese – der echte

Frisches Basilikum
Knoblauch
sardischer Pecorinokäse
und nach Belieben etwas Parmesan
Pinienkerne
ligurisches Olivenöl extra vergine

Die Basilikumblätter waschen und gut trockentupfen. Nach und nach in einen Marmormörser geben, den geschälten Knoblauch hinzufügen und mit dem Holzstössel gründlich zerstossen. Schliesslich ein paar Pinienkerne und gegen Ende etwas geriebenen Käse untermischen und die Masse zu einem kompakten Brei zerstossen. Löffelweise das Öl einarbeiten, bis der Pesto die gewünschte Konsistenz erreicht hat. Zum Aufbewahren in Gläser füllen und mit einer Schicht Olivenöl «versiegeln».

«Sott'olio» oder das Baden im Öl als Methode

Im Ersinnen von Methoden, um verderbliche Lebensmittel haltbar zu machen, zeigte sich der Mensch unglaublich erfinderisch. Nun hängt zwar jede Art der Konservierung mit den jeweiligen Lebensbedingungen zusammen, doch sind aus derartigen «Vernunftsehen» nicht selten wahre Delikatessen entstanden. Ein Beispiel ist der Thunfisch, der manche alte Fischerdörfer der Riviera ernährte. In den Cinqueterre etwa begann man im 19. Jahrhundert Olivenbäume zu kultivieren, weil man das Öl zum Konservieren des Fischs brauchte. Dass also Ligurien sich auf die «Sott'olio»-Methode spezialisierte, hat in erster Linie praktische Gründe; Regionen, in denen kein Olivenbaum gedeiht, dachten sich andere Lösungen aus: das Einsalzen oder das Trocknen an Luft und Sonne, oder sie behalfen sich mit Schmalz. Soll das Konservieren über das rein Nützliche hinausgehen und zur kulinarischen Raffinesse werden, braucht es – im Falle des Olivenöls – die kompromisslos feinste Qualität. Daraus erst entstehen Leckerbissen, in die man lustvoll das Brot taucht, um sie bis aufs letzte Tröpfchen wegzuputzen.

Pomidori essiccati sott'olio
In Öl eingelegte getrocknete Tomaten

3 kg reife Eiertomaten (z. B. San Marzano)
frischer Thymian, Majoran und Oregano
1–2 Prisen Zucker
1 EL grobes Meersalz
1 Flasche Olivenöl extra vergine

Die gewaschenen Tomaten der Länge nach halbieren und mit der Schnittfläche nach oben auf ein eingeöltes, eventuell mit Alufolie ausgekleidetes Backblech legen. Die gehackten Kräuter, Zucker und Salz darüberstreuen und etwas Olivenöl darübertröpfeln. Im knapp 80 Grad heissen Ofen 2 Stunden antrocknen lassen, dann auf ein neues Blech umschichten und weitere 2–3 Stunden im Ofen trocknen lassen. Auskühlen lassen, mit Öl begiessen und ein paar Stunden marinieren, dann in Gläser füllen und mit Öl bedecken. Gut verschlossen und kühl aufbewahren.

Der kulinarische Tip: In der originalen Version werden die Tomaten natürlich an der Sonne getrocknet. Eine weitere Möglichkeit sind Dörrapparate, sofern sie die Früchte nicht in hartes Leder verwandeln. Der obige Vorschlag ist ein Kompromiss: Die Tomaten sind zwar nicht ganz trocken und daher beim Aufbewahren etwas heikler, aber sie schmecken unvergleichlich köstlich.

Weine zum Entdecken

Ligurien ist keine grosse Weinbauregion. «Gross» im Sinn der Fläche. Zu schmal ist der Küstenstreifen zwischen Ventimiglia und La Spezia, in den die Flusstäler senkrechte Furchen geschnitten haben. Auf den terrassierten Parzellen, den «Fazzoletti di terra», wie die Einheimischen sagen, wachsen vor allem Weissweintrauben: Vermentino, Pigato, ganz wenig Lumassina und Bianchetta. Sie ergeben frische, fruchtige Weine, die vorzüglich zu den Fischen und Meeresfrüchten passen. Vor rund einem Vierteljahrhundert vermerkten die Weinkritiker Arne Krüger und Hugh Johnson noch: «Man sollte sie nur unter italienischem Himmel trinken.» Mittlerweile haben sich manche Winzer so viel Respekt verschafft, dass die Nachfrage oft grösser ist als das Angebot. Die beiden Klassiker, Vermentino und Pigato, entwickeln auf dem kalkreichen Lehmboden der Ponente am meisten Charakter. Als ideale Vermentinozone gelten die Imperia-Diano-Berge, mit den Colle dei Bardellini im Zentrum. Das

Wie ein Amphitheater sind die Terre Rosse von Wladimirio Galluzzo in den Altipiano delle Manie eingebettet.

Mustergut, unter der Verwaltung von Franco de Paolis, bringt Weine mit einer ungemein klaren Struktur und Eleganz hervor. Ein duftender, etwas grasiger Vermentino kommt aus dem Finalese, das heisst aus einem auch geologisch höchst interessanten Gebiet zwischen Finale Ligure und Spotorno. Wladimirio Galluzzo produziert hier Weine mit mineralischen Untertönen und verhaltener Vanille (Barrique). Schon seine Nonni hatten hier Reben gepflanzt. Weil aber die Parzellchen weit verzettelt waren, musste er da einen Flecken Erde tauschen, dort einen neuen dazukaufen, bis er seine «Terre Rosse» einheitlicher zusammen hatte. Wie ein Amphitheater sind deren Terrassen in den Altipiano delle Manie eingebettet, umsäumt von Ginsterbüschen und der Macchia. Es ist eine Lage, deren Duft man im Glas wiederfindet. Verstreut um Albenga liegen die Ideallagen für den Pigato: Salea, Coste di Leca, Cisano sul Neva und verschiedene kleine Rebberge um Ortovero. Als eigentlicher Wegbereiter für diesen vollmundigen, fruchtigen Wein gilt Pippo Parodi. Aus seiner Cascina Feipu dei Massaretti kam der erste Pigato, der ein gewisses Aufsehen erregte. Dieselbe Cascina hat nun übrigens auch ihren ersten «Non filtrato» auf den Markt gebracht, also einen ungefilterten Wein, wie sie derzeit in Mode sind. Ob er damit Aufsehen erregen wird, bleibt abzuwarten. Noch tiefer im Hinterland, in Borgo Ranzo, ist ein ganz Stiller am Werk: Riccardo Bruna erzeugt an den beiden Lagen Villa Torrachetta und Le Russeghine zwei Pigato von unterschiedlichem Charakter. Der eine duftet lieblich nach Pfirsichen; der andere ist voller Stoff und Kraft. Neben der Wärme, die sich hier wie in einem Öfchen sammelt, macht der Boden viel aus. Er enthält Mineralsalze, wie man sie eher im Piemont antrifft, und die Reben können mit den Wurzeln tief greifen. Riccardo Bruna ist so eigenwillig wie seine Weine. Als andere Winzer damit begannen, ihre Vermentino und Pigato zu entsäuern, wachte er weiterhin über die zweite, die malolaktische Gärung. Das ist noch immer so. Und so lacht er heute, wenn nun auch in andern Kellern wieder vom ursprünglichen, ungefilterten Genuss die Rede ist. Wie viele andere ligurische Winzer kann er aber vom Weinmachen allein nicht leben. Doch seine Pigato sind gesucht. Und er hat zwei Töchter, die fest entschlossen sind, in seine Fussstapfen zu treten.

Riccardo Bruna ist so eigenwillig wie seine Weine. Er hat zwei Töchter, die entschlossen sind, in seine Fussstapfen zu treten.

Der Garten des Thomas Hanbury

Der Engländer Sir Thomas Hanbury war durch den chinesischen Seiden- und Gewürzhandel das geworden, was man einen wohlhabenden Mann nennt. Als er, wie es unter seinesgleichen Mode war, den nasskalten Norden mit der mediterranen Riviera vertauschte, verlor er sein Herz am Cap Mortola bei Ventimiglia. Es war ein Privatgrundstück. Oliven- und Zitrushaine, die sich mit Reben und wilder Macchia abwechselten, bildeten die natürliche Grenze, während das zu Füssen liegende tiefblaue Meer sich gleichsam als Tor öffnete. 1867 gelang es ihm, den riesigen Park samt einer Villa der Marchesi Morengo zu erwerben. Sein Traum war, daraus einen botanischen Garten zu gestalten, der sich einerseits aus einheimischer Vegetation, anderseits aus exotischen Pflanzen der ganzen Welt zusammensetzen sollte. Mit Hilfe seines Bruders, eines Pharmakologen, und ausgesuchten Botanikern und Gärtnern, wie zum Beispiel Ludwig Winter, verwirklichte er ihn. Der erste «Index seminum» erfasste bereits die Samen von über 600 Pflanzen. Fünf Jahre später erschien der erste Katalog mit 3500 verschiedenen gepflanzten Arten, die sich in der Folge – bis 1912 – auf 5800 erweiterten. Nach dem Tod von Sir Thomas durchlebte der Giardino eher triste Zeiten. Zwar setzten sein Sohn Cecil und Lady Dorothy die Arbeiten fort, doch die beiden Weltkriege verwüsteten das meiste. 1960 verkaufte Lady Dorothy das Anwesen dem italienischen Staat, unter der Auflage, dass der Traum ihres Schwiegervaters neu verwirklicht würde. Heute schützen die Giardini Hanbury wieder rund 2000 verschiedene Pflanzenarten, mediterrane wie auch tropische, und sie vermitteln dem Betrachter eine leise Ahnung dessen, was an dieser Riviera so magisch auf Sir Thomas wirkte.

Blumen, Palmen und ein deutscher Gärtner

Liguriens Klima begünstigt einen beneidenswerten Pflanzenreichtum. Geradezu verschwenderisch erscheint er an der Küste, wo sich Pinien mit Agaven und Palmen abwechseln und wo Bougainvillea, Mimosen und Oleander einen duftenden Flickenteppich ergeben. Bei einem grossen Teil der Pflanzen handelt es sich um «exotische Fremdlinge», das heisst um tropische und subtropische Arten, die es an der Riviera erst seit einem guten Jahrhundert gibt, die jedoch deren Gesicht massgebend verändert haben. Ein Beispiel sind die Palmen. Sie säumen die Uferpromenaden, schlucken Staub und Abgase der Via Aurelia und rascheln in der Nachmittagsbrise. Ihr Dasein ist eng mit den Giardini Hanbury am Cap Mortola verbunden, vor allem mit einem ihrer Gärtner, Ludwig Winter.

Der aus Heidelberg stammende Deutsche wurde von einem renommierten Palmenzüchter aus Hyères an der Côte d'Azur an Thomas Hanbury vermittelt. Dieser hatte das Anwesen, aus dem der berühmte botanische Garten entstehen sollte, soeben erworben und suchte nach Fachleuten. 1875 dann machte sich Ludwig Winter in Bordighera selbständig. Er exportierte als erster Schnittrosen nach München und leitete dadurch die intensive Blumenzucht samt Vermarktung des Begriffs «Riviera dei fiori» ein. Um die sensiblen Mimosen für nördlichere Temperaturen abzuhärten, kreuzte der Gärtner sie mit winterharten Typen. Ähnlich experimentierte er mit Kakteen und Agaven. Die Nachfrage wurde schliesslich so gross, dass er in Berlin eine Filiale eröffnete. Bei den Palmen gelang es ihm, über sechzig verschiedene Arten zu kultivieren und als begehrte Exotika zu verschicken. Der europäische Adel an der Riviera zählte zu seinen Stammkunden.

Der Erfolg des deutschen Gärtners bewirkte natürlich auch wirtschaftliche Veränderungen. Um die Jahrhundertwende beschäftigte sein Unternehmen über hundert Angestellte, und von diesen gründeten manche ihre eigenen Gärtnereien. Heute ist aus dem leichten Pflanzenwuchs an Liguriens Küste eine grossangelegte Industrie geworden, welche die Landschaft mit ihren Gewächshäusern zudeckt. Der Umschlagplatz für die Rosen, Margeriten oder Veilchen, die unsere Stuben im Norden beblühen, liegt in San Remo. Er gehört zu Europas grössten Blumenmärkten. Berühmt ist er für die Nelken, die auch am Umzug des *Carnevale* freigebig unters Publikum gestreut werden. Bis vor etwa zehn Jahren machten diese Blumen den Haupterwerb der dortigen Züchter aus. Nun sind viele Gewächshäuser zerfallen, die Beete verwildert. Die Gärtner geben auf, weil die Kosten für Bewässerung, Düngung, Spritzmittel und Heizung – wie sie sagen – ihre Einnahmen übersteigen. Im Durchschnitt erhalten sie 500 Lire pro Blume, und das sei zu wenig zum Leben und – bitter genug – zu teuer zum Verkaufen.

Liguriens Klima begünstigt einen Pflanzenreichtum, aus dem die «Riviera dei fiori» und mit ihr eine grossangelegte Industrie entstanden ist. Diese prägt die Landschaft um San Remo mit ihren Gewächshäusern.

DIE LIEGESTÜHLE WERDEN WEGGERÄUMT. DIE OLIVEN REIFEN.

N VERSORGT.

Auf dem Markt duftet es nach Pilzen. Es gibt Tintenfischchen in Weisswein und zur Nachspeise Apfelküchlein.

Von Verkostern und was den Saft der Oliven so besonders macht

Eine der stillsten, aber grossen Köstlichkeiten besteht aus einer Scheibe knusprigem Weissbrot, möglichst ungesalzen, damit man selber zwei Körnchen grobes Meersalz daraufstreuen kann, und mit Olivenöl beträufelt. In den Wochen, wenn die Mühlen Hochbetrieb haben und das frischgepresste, ungefilterte Öl mit grünlichen Reflexen in der Karaffe schimmert, machen sich die feinsten Restaurants eine Ehre daraus, Kostproben davon aufzutischen. Das neue Öl hat immer einen unkomplizierten Charme, weil es noch ganz fruchtig nach Oliven und ein wenig herb und pfefferig schmeckt. Durch das Ruhen während der folgenden Wochen werden sich diese Eigenschaften mildern zugunsten von anderen, und wenn diese tatsächlich günstig sind, ist ein Olivenöl – wie gesagt – purstes Vergnügen.

Olivenbauern, Ölmüller und Händler, die sich beruflich mit diesem Saft auseinandersetzen, verkosten ihn, kaum ist er aus den Pressmatten getropft, kritisch. 1984 wurde in Imperia sogar ein offizielles Verkostungsorgan gegründet, l'Organizzazione Nazionale degli Assagiatori di Olio di Oliva, kurz die ONAOO. Einer der Initianten ist Nanni Ardoino, der für das ligurische Olivenöl extra vergine bahnbrechend wirkte. Bereits Anfang des letzten Jahrhunderts waren die Ardoino mit einer eigenen Mühle im Hinterland von Oneglia im Ölgeschäft. Wie es noch bis in dieses Jahrhundert üblich war, produzierten sie Olivenöle für verschiedenste Zwecke, unter anderem auch als Lampenöl. Dieses spielt heute überhaupt keine Rolle mehr. Doch auch bei ihm gab es, nicht anders als beim Speiseöl, feste Kriterien für Qualität. Seriöse Händler liessen es zum Beispiel altern, damit es beim Brennen weder rauchte noch spritzte. Die Ardoino machten sich bis nach Amerika einen Namen dafür.

Nanni Ardoino steckte seinen Ehrgeiz in die erneute Anerkennung des kaltgepressten Speiseöls, des *Olio di oliva extra vergine.* Das war zu Beginn der fünfziger Jahre, als dieses Olivenöl keine Zukunft mehr zu haben schien. Es war die Zeit, in der immer mehr Mühlen in der Provinz Imperia ihren Betrieb einstellten und das *Olio di frantoio*, das kaltgepresste Öl von der Mühle, zu versiegen drohte. Die grossen Fabriken raffinierten das Olivenöl grundsätzlich, egal ob es von ausgezeichneter oder miserabler Qualität war. Heute, wo der Glaube an eine mediterrane Diät neues Wasser auf die Mühlen leitet, verwendet man das Raffinieren nur noch bei Mängeln, die einerseits durch chemisch-physikalische Tests, anderseits durch die Kontrollen von beruflichen Degustatoren festgestellt werden. Für die Mitgliedstaaten der EU hat Brüssel komplizierte Bestimmungen ausgearbeitet; wo früher ganz einfach die Söhne der Olivenbauern und Ölmüller von den Vätern lernten, braucht es heute die geschulte Verkostung. Und dieser Fachausbildung nimmt sich nun die ONAOO an.

Die sensorische Prüfung eines Olivenöls unterscheidet sich im Grunde genommen nur wenig von einer Weindegustation. Auch der *assagiatore di olio* benutzt als Werkzeug seine Sinnesorgane, vor allem Nase und Mund. Berufliche Tests verlaufen immer blind, damit niemand durch das Aussehen eines Öls voreingenommen ist. Anderseits geben Farbe und Transparenz interessante Aufschlüsse: Ein grünliches Olivenöl zum Beispiel stammt aus eher unreifen Früchten – oder die Mühle hat vor dem Mahlen die Blätter nicht so sorgfältig aussortiert; ein trübes Öl wiederum ist nicht schlecht, sondern einfach ungefiltert. Vor dem Geruchstest erwärmen die Degustatoren das Öl auf rund 28 °C, damit die Aromastoffe – gute und schlechte – frei werden. Zur Prüfung in der privaten Küche kann man aber auch etwas Olivenöl in ein Schnapsgläschen giessen und

Nanni Ardoino ist der Vorkämpfer für die internationale Anerkennung des ligurischen Olivenöls.

dieses in der Hand erwärmen. Allerdings sollten Sie nicht schon mitten am Kochen sein, denn Fremdgerüche stören die Wahrnehmung. Für den Geschmackstest bedienen sich die Profis eines kleinen Kunststücks mit der Zunge: Sie nehmen etwas Öl auf die Zungenspitze, erwärmen es dort, bilden dann mit den Rändern einen Kelch und ziehen durch die Zähne hörbar Luft ein. Durch die Zuführung von Sauerstoff werden auch die Geschmacksrezeptoren am Gaumen angeregt, was natürlich die Empfindung vervollständigt. Ugo Canetti, ein erfahrener Berufsverkoster und Mitglied der ONAOO, führt Ihnen den Kniff mit dem Lufteinziehen anschaulich vor.

Trotz der heutigen Ausbildung brauchen gute Degustatoren eine natürliche Begabung. Kurse, wie sie die ONAOO anbietet, stocken ihr Wissen auf, schärfen allenfalls ihre Sinne. Ugo Canetti vergleicht seinen Beruf mit Spürnasen, die gezielt nach etwas suchen. Eine häufige unangenehme Eigenschaft von Olivenölen ist zum Beispiel der kratzende Nachgeschmack. Dieser gilt als typisch für junge Öle. Baut er sich aber nach drei Monaten nicht ab, zählt er als Fehler. Ein guter Profi zeichnet sich also immer dadurch aus, dass er zum Zeitpunkt der Probe gewisse Merkmale aufspürt, aber auch Prognosen stellen kann. Bei positiven Bewertungen sind diese manchmal am schwierigsten. So charakterisiert man etwa die besten ligurischen Öle aus Taggiascaoliven als «rund» und «weich». Es braucht eine erfahrene Spürnase, um vorauszusagen, ob sie schnell altern und verblassen, ja möglicherweise ranzig werden.

Falls Sie nun selber schon eifrig am Verkosten sind, hilft Ihnen das Grundvokabular der beruflichen Degustatoren vielleicht ein wenig beim Ordnen Ihrer Wahrnehmungen. Es liest sich aber auch sonst als aufschlussreiche Wegleitung:

Alt: Gesamteindruck von zu lange in Lagerbehältern aufbewahrtem Olivenöl.

Bitter: Typischer Geschmack von Ölen aus unreifen Oliven; zum Beispiel aus der Toskana. Je nach Intensität gilt er als Fehler.

Fad: Gesamteindruck, der durch das Fehlen jeglicher Aromastoffe entsteht.

Fruchtig: Duft und Geschmack erinnern an frische, gesunde Früchte. Es ist ein Merkmal von noch jungem Olivenöl.

Grasig: Ein typischer Geruch von grünen Oliven.

Frisch gepresstes und ungefiltertes Öl im Frantoio Dino Abbo.

Metallisch: Wenn Oliven durch unsachgemässe Behandlung bei der Verarbeitung zu lange mit Metalloberflächen in Berührung kamen, schmeckt das Öl danach.

Muffig: Typischer Gesamteindruck eines Öls, bei dem die Oliven nicht mehr frisch waren. Dieser Fehler zeugt von unsachgemässer Behandlung in der Mühle wie übrigens auch der folgende.

Pressmatten: Wenn der Olivenbrei mit Pressmatten in Berührung kommt, in denen sich gärende Rückstände befinden, schmeckt das Öl danach.

Ranzig: Typischer Gesamteindruck von Fetten und Ölen, wenn sie zu lange der Luft, der Wärme und dem Licht ausgesetzt waren. Er entsteht häufig durch unsorgfältige Lagerung in den Geschäften oder in der Küche.

Nach grünen Blättern: Ein extrem bitterer Eindruck, der durch das Mitvermahlen von Blättern und Stengeln hervorgerufen wird.

Roh oder grob: Charakteristische Wahrnehmung bei Olivenölen, die im Mund einen unangenehmen dickflüssigen Eindruck hinterlassen.

Süss: Bezeichnet den Wohlgeschmack von weichen Olivenölen ohne aufdringliche Süsse, aber auch ohne Bitterkeit, Herbheit und Schärfe. Ligurisches Olivenöl aus besonders spät geernteten Früchten zeichnet sich durch diese Eigenschaft aus.

Ugo Canetti beim Verkosten: Riechen und Schmecken.

Links und in der Mitte junges Öl, links gefiltert, in der Mitte ungefiltert. Rechts ein ungefiltertes, schon etwas reiferes Öl.

«La Mela Secca»

und seine Rezepte
*Via Tre Scalini 30A,
16038 Santa Margherita Ligure*

Nando Di Martino erinnert sich lebhaft an den Duft der Äpfel, die im Winter eine schrumpelige Haut bekamen und aus denen dann seine Tante die köstlichsten Küchlein zubereitete. Diese Bilder inspirierten ihn später zur Wahl des Namens der kleinen Trattoria «La Mela Secca», und bis heute sind die duftenden Apfelküchlein ein Bestandteil seiner Speisenpalette geblieben. Der sanfte, aber eigenwillige Gastwirt pflegt die ligurische Küche mit deutlicher Liebe zu den Traditionen und mit höchster Sensibilität. Er backt das Brot selber, philosophiert über den bestmöglichen Ravioliteig oder weiss, wo die wilden Kräuter und Pilze zu suchen sind. Jeden Tag stellt er ein Menü zusammen, dem sich die Gäste mit grösstem Vergnügen überlassen können. Besondere Wünsche sollte man ihm im voraus ankündigen, so wie eine Reservierung grundsätzlich zu empfehlen ist. Von Frühling bis Herbst sitzt man unter der Pergola, im Winter drinnen an der Wärme des ungemein gemütlichen Kanonenöfchens.

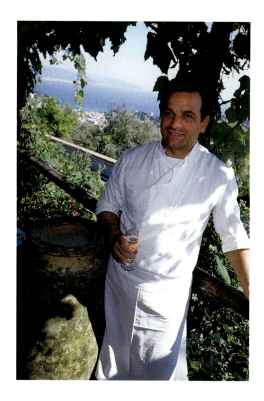

Ficche fresche e salame
Frische Feigen mit Salami

Für diese Vorspeise braucht es gar kein Rezept, es ist einfach das harmonische Zusammenspiel von zwei sehr guten Produkten. Im September sind überall in den ligurischen Gärten die Feigen vollreif und beginnen zu «weinen», das heisst Zuckertränchen zu vergiessen. Bei violetten Früchten sollten Sie die Haut abziehen, da diese gern etwas zäh wird. Dann vierteln Sie die Feigen und servieren sie mit dünn aufgeschnittener Salami – nach Belieben auch mit Bottarga (Seite 36) oder mit luftgetrocknetem Schinken oder Parmesan.

Frische Feigen
mit Salami

Fritierte Steinpilze
und ausgebackene
Käseküchlein
(Rezepte Seite 90)

Funghi porcini fritti
Fritierte Steinpilze

2 mittelgrosse Steinpilze
2 kleine Eier
2 EL Brotbrösel
Salz und frisch gemahlener Pfeffer
Olivenöl zum Fritieren

In der Pilzsaison gehören die fritierten Steinpilze zu den typischen Spezialitäten des Hinterlandes. Sie lassen sich mit allem möglichen kombinieren: zum *aperitivo* zum Beispiel mit Käseküchlein (Rezept unten) oder als Vorspeise mit grünem Salat.

Die Steinpilze möglichst trocken reinigen und der Länge nach in ½ cm dicke Scheiben schneiden. Die Eier mit einer Gabel locker verschlagen und würzen. Die Pilzscheiben zuerst im Ei wenden, dann in den Brotbröseln und diese gut andrücken. In heissem Olivenöl goldbraun backen, auf Haushaltpapier abtropfen lassen und sofort servieren.

Focaccine al formaggio
Ausgebackene Käseküchlein

200 g Weissmehl
ca. 100 ml lauwarmes Wasser
1 Prise Salz
500 g Stracchinokäse oder ein anderer, etwas fester Frischkäse
Olivenöl zum Fritieren

Die kleine Cousine der grossen Focaccia lässt sich entweder mit anderen Vorspeisen kombinieren oder ergänzt auf unkomplizierte Weise den *aperitivo*.

Das Mehl auf ein Brett sieben und mit dem Wasser und einer Prise Salz zu einem geschmeiden Teig kneten. Diesen eine halbe Stunde ruhen lassen, dann möglichst dünn ausrollen und in 10×10 cm grosse Quadrate schneiden.
Auf die Hälfte der Teigplätzchen je ein nussgrosses Stück Käse geben, mit je einem Teigplätzchen bedecken, die Ränder zum Verschliessen ein wenig befeuchten und sehr gut aufeinanderdrücken.
In heissem Olivenöl schwimmend backen, auf Haushaltpapier abtropfen lassen und sofort servieren.

Der kulinarische Tip: Versuchen Sie es zur Abwechslung mit Olivensauce (Seite 29) als Füllung.

Ovoli in insalata
Pilzsalat mit Kaiserlingen

3–4 Kaiserlinge, möglichst noch geschlossen
Salz und Pfeffer aus der Mühle
1 EL fein gehackte Petersilie
100 g Parmesan, dünn gehobelt
4 EL ligurisches Olivenöl extra vergine

Der Kaiserling, *Amanita caesarea*, zählt in Ligurien zu den gesuchten Leckerbissen. Den italienischen Namen «ovolo» erhielt er bestimmt wegen seiner Form, die, wenn der Pilz noch geschlossen ist, einem Ei gleicht.

Die Pilze gut putzen und der Länge nach in hauchdünne Scheibchen schneiden. Diese auf flachen Tellern dekorativ verteilen und mit Salz und Pfeffer würzen. Die Petersilie und die Parmesanlocken darüberstreuen und mit Olivenöl beträufeln.

Der kulinarische Tip: Der Hinweis bei den Zutaten, «ligurisches Olivenöl» zu verwenden, ist keine leere Werbung. Der feine Geschmack der Kaiserlinge braucht unbedingt ein subtiles, zartes Öl. Anderseits können Sie den gleichen Salat mit anderen Pilzen ausprobieren, die dann auch möglicherweise ein kräftigeres Öl ertragen.

Melanzane ripiene alla genovese
Gefüllte Auberginen nach Genueser Art

8 kleine Auberginen
1 kleine Zwiebel
Olivenöl extra vergine
4 Scheiben Weissbrot ohne Rinde
50 ml Milch
80 g geriebener Parmesan
Salz
Pfeffer aus der Mühle
frischer Majoran
2 Eiweiss
2–3 EL Brotbrösel

Obwohl es heute auch an der Riviera verschiedene Arten von Auberginen gibt, gilt vor allem eine Sorte als typisch ligurisch. Sie ist klein und keulenförmig und eignet sich daher besonders gut zum Füllen.

Die Auberginen der Länge nach halbieren und in Salzwasser kurz blanchieren. Das Mark aushöhlen, mit der Zwiebel zusammen klein hacken und in etwas Olivenöl anziehen lassen. Das Weissbrot in der Milch einweichen und mit der Zwiebel-Auberginen-Mischung, dem Parmesan, Salz, Pfeffer und gehacktem Majoran vermengen.

Die Masse in die ausgehöhlten Auberginenhälften füllen, gut andrücken und erst in zerschlagenem Eiweiss, dann in Brötbröseln wenden. In genügend heissem Olivenöl beidseitig backen, auf Haushaltpapier abtropfen lassen und servieren.

Der kulinarische Tip: Es gibt eine andere ligurische Version, nach der die gefüllten Auberginen einfach mit Brotbröseln bestreut und dann im Ofen überbacken werden.

Lattughe ripiene
Gefüllter Kopfsalat

2 Salatköpfe
400 g mageres Hackfleisch (Geflügel-, Kaninchen- oder Kalbfleisch)
100 geriebener Parmesan
etwas frischer Majoran
etwas geriebene Muskatnuss
4 Eier
Salz

Sauce:
1 Zwiebel
2 Lorbeerblätter (möglichst frische)
knapp 100 ml Olivenöl
5 gehäutete Eiertomaten (San Marzano) oder 1 Dose Pelati
knapp 100 ml Wasser
Salz

Der gefüllte Kopfsalat kennt zwei Zubereitungsarten: eine sommerliche und eine winterliche. Im Winter liebt man die Gemüsepäcklein als Einlage in einer heissen Fleischbrühe.

Den Kopfsalat waschen und in Blätter zerlegen. Diese kurz in Salzwasser blanchieren, kalt abschrecken, abtropfen lassen und auf einer grossen Arbeitsfläche ausbreiten.

In einer Schüssel das Hackfleisch mit dem Käse, den Gewürzen und Eiern vermengen. Kleine Häufchen davon abstechen, auf die Salatblätter verteilen, und diese zu Päckchen formen.

Den Ofen auf 190 Grad vorheizen. Für die Sauce die Zwiebel und die Lorbeerblätter fein hacken, in etwas Olivenöl anziehen lassen und die zerkleinerten Tomaten dazugeben. Mit dem Wasser auffüllen, aufkochen und abschmecken. Die Sauce in ein ofenfestes Tongeschirr giessen, die Kopfsalatpäckchen hineinlegen und mit dem restlichen Öl übergiessen. Im vorgeheizten Ofen rund 20 Minuten schmoren lassen.

Gefüllter Kopfsalat

Raviolini di preboggiòn
Ravioli mit Blattgemüse und Kräutern

300 g Weissmehl
1 Ei
1 Prise Salz
ca. 50 ml Wasser

Füllung:
1 kg gemischtes Blattgemüse und Kräuter, z. B. Rauke, Schwarzkohl, Guter Heinrich, Borretsch, Brennesseln, Hopfen
200 g Ricotta
100 g geriebener Parmesan
2 Eier
Salz und frisch gemahlener Pfeffer
etwas frischer, gehackter Majoran
½ Zwiebel
10 g getrocknete Pilze, in Wasser eingeweicht
3 EL Olivenöl extra vergine

Olivenöl extra vergine
leicht geröstete Pinienkerne
geriebener Parmesan

Ein «Preboggiòn» ist eine ganz bestimmte Mischung aus Wildgemüse und Wildkräutern, die sich je nach Jahreszeit verschieden zusammensetzt. Früher suchte man sich diese rund ums Haus und holte von den Feldern, was im Garten fehlte. Heute wird «Preboggiòn» auch auf den Märkten feilgeboten.

Das Mehl auf ein Brett sieben, in die Mitte eine Mulde drücken und das Ei mit dem Salz und dem Wasser hineingeben. Die Zutaten locker vermengen und schliesslich zu einem geschmeidigen Teig verarbeiten, d. h. mindestens 10 Minuten kneten. Den Teig eine gute halbe Stunde ruhen lassen.

Das Blattgemüse und die Kräuter waschen und nach Bedarf blanchieren oder im Dampf weich garen. Fein hacken und in einer Schüssel mit dem Ricotta, Parmesan, den Eiern, Gewürzen und Majoran vermengen. Die Zwiebel fein schneiden und mit den eingeweichten Pilzen in etwas Olivenöl dünsten. Auskühlen lassen und zu den anderen Zutaten in die Schüssel geben, alles gut vermengen.

Den Teig möglichst dünn ausrollen und in rund 5 cm breite Bahnen schneiden. In regelmässigen Abständen von 5 cm jeweils ein Häufchen Füllung darauf geben und das Ganze mit einer zweiten Teigbahn zudecken. Den Teig um die Füllung herum gut andrücken und in den Zwischenräumen mit einem Teigrädchen entzweischneiden.

Die Ravioli in siedendem Salzwasser knapp 5 Minuten weich garen, abtropfen lassen und mit etwas Olivenöl, Pinienkernen und geriebenem Parmesan sachte vermengen. Heiss servieren.

Der kulinarische Tip: Weil kein Mehl gleich ist, können Mengenangaben für das Wasser, das der Teig braucht nie exakt sein. «Quanto basta» – soviel es braucht –, rät denn auch der Pastakünstler Nando. Ratsam ist, erst mit wenig Flüssigkeit zu beginnen und bei Bedarf weitere hinzuzugiessen.

Ravioli mit Blattgemüse und Kräutern

Seppie e carciofi
Tintenfisch
mit Artischocken

1 kg Tintenfische
6 kleine längliche Artischocken
etwas Zitronensaft
½ Zwiebel, fein geschnitten
ligurisches Olivenöl extra vergine
1 Bund Petersilie, fein gehackt
1 Knoblauchzehe, fein gehackt
Salz
Pfeffer aus der der Mühle

Die Kombination von Tintenfisch mit Gemüse gibt es in unzähligen Varianten. Jede Jahreszeit prägt dieses sehr ligurische Gericht mit einem neuen Aroma: Im Winter sind es die Artischocken.

Die Tintenfische waschen und reinigen oder dies vom Fischhändler besorgen lassen. In etwa 3 cm breite Streifen schneiden. Die Artischocken von den spröden Aussenblättern und harten Spitzen befreien; das Heu herauskratzen. Die Artischocken der Länge nach in Scheiben schneiden und diese mit Zitronensaft einreiben, damit sie nicht braun werden.

In einem Topf etwas Olivenöl vorsichtig erhitzen, die Zwiebel darin anziehen lassen, dann die Petersilie und den Knoblauch kurz mitdunsten. Die Tintenfischstreifen dazugeben, leicht salzen und unter gelegentlichem Wenden und Rühren 15 Minuten braten. Nun die Artischocken beifügen, gut untermengen und weitere 10 Minuten garen. Vor dem Anrichten mit Salz und Pfeffer abschmecken.

Coniglio alla genovese
Kaninchen mit
schwarzen Oliven

1 Kaninchen
100 g kleine schwarze Oliven, am besten Taggiascaoliven
3 Lorbeerblätter
2 Zweige Rosmarin
2 Zwiebeln, in Stücke geschnitten
20 g Pinienkerne
Salz
Pfeffer aus der Mühle
50 ml ligurisches Olivenöl extra vergine
100 ml Weisswein

Das Kaninchen mit den Taggiascaoliven gehört zu den Klassikern der ländlichen Küche. Jede Familie variiert das Rezept, doch die Grundzutaten bleiben immer dieselben.

Den Ofen auf 180 Grad vorheizen. Das Kaninchen waschen, gut abtrocknen und in Stücke schneiden. Diese in ein Bratgeschirr geben und die Lorbeerblätter, Rosmarinzweige, Oliven, Zwiebelstücke und Pinienkerne dazwischen verteilen. Salz und Pfeffer darüberstreuen, das Öl darübergiessen und im vorgeheizten Ofen rund 40 Minuten braten. Nach und nach in regelmässigen Abständen immer wieder etwas Wein dazugiessen und die Kaninchenstücke mit dem Bratensaft befeuchten.

Der kulinarische Tip: Dieses in der Zubereitung sehr einfache Rezept setzt die beste Qualität der Rohstoffe voraus. Bitten Sie Ihren Metzger um ein Kaninchen, das der Bauer etwas abhängen liess. Sonst ist das Fleisch nur fad und trocken.

Frittelle di mele
Apfelküchlein

3–4 Äpfel, am besten Goldrenetten
Mehl
Olivenöl zum Fritieren
Puderzucker zum Bestäuben

Teig:
2 Eigelb
1 Schuss Weisswein
1 Msp. abgeriebene Zitronenschale
1 Msp. Salz
ca. 100 g Mehl

Wenn man in Ligurien leuchtende Augen sieht, ist bestimmt von Apfelküchlein die Rede.

Für den Teig die Eigelb mit Weisswein, Zitronenschale und Salz schaumig rühren und mit dem Mehl vermengen. Die dickflüssige Masse eine halbe Stunde ruhen lassen.

Die Äpfel schälen, vom Kerngehäuse befreien und in rund ½ cm dicke Ringe schneiden. Diese nach und nach in etwas Mehl wenden, in den Teig tauchen und im heissen Olivenöl goldbraun ausbacken. Auf Haushaltpapier abtropfen lassen und noch warm und knusprig, mit Puderzucker bestäubt, servieren.

Der kulinarische Tip: Wenn Sie keine Goldrenetten auftreiben können, versuchen Sie es mit Boskopäpfeln.

Mele secche fritte
Küchlein aus gedörrten Äpfeln

100 g gedörrte Apfelringe
½ l Moscato d'Asti

Teig:
200 g Weissmehl
1 Ei
ca. 50 ml lauwarmes Wasser
1 Prise Salz

Olivenöl zum Fritieren
Puderzucker zum Bestäuben

Dies ist die eigentliche Spezialität des Hauses der «Mela Secca». Sie wird noch heute so zubereitet, wie es schon die Tante von Signore Nando zu tun pflegte.

Die Apfelringe einen Tag oder über Nacht im Moscato einweichen. Dann auf einem Tuch sehr gut abtropfen lassen.

Für den Teig das Mehl in eine Schüssel sieben, in der Mitte eine Mulde bilden und das Ei sowie etwas Wasser und Salz dazugeben. Vorsichtig zu einem cremigen Teig rühren – bei Bedarf noch etwas Wasser hinzufügen. Nun die Masse etwas ruhen lassen.

Die gut abgetropften Apfelringe nach und nach in den Teig tauchen und im heissen Olivenöl ausbacken. Auf Haushaltpapier abtropfen lassen, mit Puderzucker bestäuben und sofort servieren.

Apfelküchlein

«San Giorgio»

und seine Rezepte
Via Volta 19, 18010 Cervo

Das «San Giorgio» ist ein Familienbetrieb, und wer in diesen sorgsam restaurierten Gemäuern mit der alten Ölmühle und dem Pflanzengeranke einkehrt, fühlt sich denn auch so umsorgt, als wäre er zu Hause. Die beiden Chefs Caterina Lanteri Cravet und Giovanni Barla lesen den Gästen jeden Wunsch von den Augen ab und verführen sie mit einer ligurischen Küche, die leicht und klug daherkommt. Die Liebe der Gastgeber gilt dem Gemüse, den Kräutern, Fischen und Meerestieren, die sie ohne verfängliche Schnörkel, dafür frisch und ausgesucht anbieten. Mit regelrechter Leidenschaft suchen sie nach den bestmöglichen Produkten: Über Direkteinkäufe auf den Märkten und bei Produzenten gelingt es ihnen zum Beispiel, immer mehr ökologisch produzierte Lebensmittel aufzutreiben. «Wir wollen unsere Gäste glücklich machen» ist bei ihnen kein leerer Spruch. Und es scheint ihnen so leicht zu fallen …

Farinata all'onegliese
Farinata mit Lauchzwiebeln

300 g Kichererbsenmehl
¾ TL Salz
1 l Wasser
100 ml ligurisches Olivenöl extra vergine
100 g Lauchzwiebeln

Puristen meinen, eine richtige «Farinata» gelinge nur im Holzofen. Ausserdem streiten sich die verschiedenen ligurischen Provinzen darüber, welche Zutaten nun eigentlich «echt» seien. Am besten setzen Sie sich über sämtliche Einwände hinweg und überzeugen sich selbst mit folgendem Rezept:

In einer Schüssel das Kichererbsenmehl mit dem Salz, dem Wasser und der Hälfte des Öls sehr gut vermengen. Mit einem Tuch zudecken und mindestens 2 Stunden ruhen lassen.

Den Ofen auf 250–280 Grad vorheizen.

In ein grosses rundes Kuchenblech (30–35 cm Durchmesser) das restliche Öl giessen, die Lauchzwiebeln in dünne Scheibchen schneiden und darauf verteilen. Den Teig 4 mm dick darübergiessen und das Blech in den heissen Ofen schieben. Die Farinata rund 10 Minuten zu einem knusprigen, braungoldenen Fladen backen und heiss zum Aperitif oder als Imbiss servieren.

Der kulinarische Tip: Eine richtige «Farinata» ist aussen knusprig und innen noch etwas weich. Sollten Sie mit der Teigmenge Probleme haben, backen Sie sie von Vorteil auf zwei Blechen.

Fritelle di cipolla novella
Zwiebelküchlein

150 g Mehl
2 Eier
½ TL Salz
4 EL ligurisches Olivenöl extra vergine
100 g zarte kleine Frühlingszwiebelchen
1–2 EL Wasser
Olivenöl zum Backen

Ausgebackene Küchlein zählen in Ligurien zu den nostalgischen Leibspeisen. Von delikater, duftiger Art ist folgender Vorschlag:

Das Mehl kranzförmig in eine Schüssel sieben, die Eier mit dem Salz verquirlen, zusammen mit dem Olivenöl in die Mitte giessen und alles zu einem Teig verrühren. Die Frühlingszwiebelchen (insbesondere das Grün!) in feinste Scheibchen schneiden und untermengen. Den Teig nach Bedarf mit Wasser verdünnen, aber nur gerade so, dass er an der Kelle noch kleben bleibt.

In einer Pfanne rund 1 cm hoch Öl erhitzen. Den Teig esslöffelweise hineingeben und zu möglichst flachen runden Küchlein backen. Auf Haushaltpapier abtropfen lassen und warm zum Aperitif oder als kleinen Imbiss servieren.

Antipasto mare e monti
Tintenfischchen mit Bohnen und Oliven

500 g Tintenfischchen (Seppioline oder Calamaretti)
200 g eingeweichte oder frische weisse Böhnchen
80 g grüne Bohnen
1 mittelgrosse Kartoffel
12 entsteinte schwarze Taggiascaoliven
Salz

Sauce:
Saft von ½ Zitrone
3 EL ligurisches Olivenöl extra vergine
Salz und Pfeffer aus der Mühle

Die Kombination ist klassisch, und sie bleibt es auch, weil es an ihrer Harmonie nichts zu rütteln gibt.

Die kleinen Tintenfische säubern oder vom Fischhändler säubern lassen. In kochendes Salzwasser geben und 5 Minuten blanchieren. Die Böhnchen und die grünen Bohnen sowie die in Stücke geschnittene Kartoffel in Salzwasser weich garen. Noch warm mit den schwarzen Oliven dekorativ anrichten.

Die Zutaten für die Sauce sämig verrühren und darüberträufeln. Als Vorspeise servieren.

Der kulinarische Tip: Im Sommer schmeckt dieser Salat auch «kalt», das heisst auf Raumtemperatur abgekühlt. Frisch aus dem Kühlschrank wäre er zu kalt und hätte keinen Geschmack.

Tintenfischchen mit Bohnen und Oliven

Antipasto mediterraneo
Warmer Salat mit Garnelen und Artischocken

6 kleine Artischocken
Salz
Zitronensaft oder
Aceto balsamico
ligurisches Olivenöl
extra vergine
12 Garnelen, am besten rote
Mittelmeergarnelen

Sowohl im Geschmack als auch in der Konsistenz ergeben die beiden Produkte ein Traumpaar!

Die Artischocken von den spröden Blättern und Spitzen befreien, eventuell vorhandenes Heu auskratzen. Die Herzen der Länge nach in 2 mm dünne Scheiben schneiden und in Salzwasser kurz blanchieren. Sofort mit etwas Zitronensaft – oder nach Belieben mit Aceto balsamico – und Olivenöl vermengen.

Die Garnelen ebenfalls in Salzwasser kurz kochen, aus der Schale lösen und von Kopf und Darm befreien. Sternförmig auf Teller anrichten und die Artischocken darauf verteilen. Noch etwas Olivenöl darüberträufeln und servieren.

Tortino di patate
Kartoffelauflauf

6 mittelgrosse, festkochende Kartoffeln
3 Eier
Salz
ligurisches Olivenöl
extra vergine
1 Knoblauchzehe
3 Stengel Petersilie
3 Zweige Majoran
100 g geriebener
Parmesan

Wie die «Ripieni» sind auch die Gemüsekuchen und Aufläufe eine unerschöpfliche Quelle für Liguriens findige Köchinnen.

Die Kartoffeln in der Schale weich kochen, auskühlen lassen, dann schälen und in 1 cm dicke Scheiben schneiden. Mit den Kartoffelscheiben den Boden einer eingeölten Auflaufform auslegen. Den Ofen auf 220 Grad vorheizen.

In einer Schüssel die Eier mit etwas Salz und 3 Esslöffeln Olivenöl verquirlen. Den Knoblauch und die Kräuter hacken und zusammen mit 80 g Parmesan daruntermengen. Die Masse über die Kartoffeln giessen, den restlichen Parmesan darüberstreuen und ein wenig Olivenöl darüberträufeln.

Im vorgeheizten Ofen rund 10 Minuten überbacken. Lauwarm als ersten Gang oder zusammen mit einem Salat als leichte Mahlzeit servieren.

Torta di zucca
Gedeckter Kürbiskuchen

Für 6 Personen

200 g Mehl
½ TL Salz
50 ml warmes Wasser

Füllung:
500 g gelber Kürbis
1 kleine Zwiebel
1 Stange Lauch
1 EL Pinienkerne (30 g)
2 Eier
2 Zweige Majoran
100 g Ricotta
100 g geriebener Pecorino- und Parmesankäse
50 ml ligurisches Olivenöl extra vergine
3 EL Milch
Salz

Die in Ligurien beliebteste Kürbissorte ist die «Trompetta», ein schlanker, hellgrüner Flaschenkürbis. Für diesen Kuchen, der zu den typischen Herbst- und Winterspezialitäten gehört, eignet sich besser ein gelbfleischiger Garten- oder Riesenkürbis.

Aus Mehl, Salz und Wasser einen elastischen Teig kneten und diesen etwas ruhen lassen.

In der Zwischenzeit den Kürbis schälen und würfeln, die Zwiebel und den Lauch fein schneiden und zusammen in ein wenig Olivenöl anziehen lassen. Die Pinienkerne zerreiben und untermengen, das Ganze salzen und zugedeckt bei sachter Hitze weich dünsten. Mit der Kelle zu einem Mus rühren und auskühlen lassen.

In einer Schüssel die Eier verquirlen und mit dem gehackten Majoran, Ricotta und Käse vermengen. Die Kürbismasse daruntermischen und abschmecken.

Den Ofen auf 200 Grad vorheizen. Ein rundes Kuchenblech (22 cm Durchmesser) sehr gut einölen und den Teig zu zwei entsprechend grossen dünnen Scheiben ausziehen. Die eine auf das Blech legen, mit einer Gabel mehrmals einstechen und die Kürbisfüllung gleichmässig darauf verteilen. Mit der zweiten Teigscheibe bedecken und die Ränder verschliessen. Das restliche Öl mit der Milch verrühren und damit die Teigoberfläche bestreichen. Den Kuchen im vorgeheizten Ofen rund 20 Minuten backen. Lauwarm als Vorspeise geniessen.

Trofie al mezzopesto con calamarini o gamberetti
Trofie mit Pesto und Tintenfischchen oder kleinen Garnelen

Trofie:
250 g mehlige Kartoffeln
250 g Weissmehl
2 EL Olivenöl extra vergine
ca. 1 EL gesalzenes Wasser
Weizengriess

1 Zucchino
200 g geputzte Tintenfischchen (Calamaretti) oder geschälte rohe Garnelen

Sauce:
1 reife, aber noch feste Tomate
1 kleine Schalotte
ganz wenig Peperoncino (Chili)
1 EL ligurisches Olivenöl extra vergine
1 TL Pinienkerne
1 EL entsteinte schwarze Taggiascaoliven
2 EL Pesto alla genovese (Seite 72)
Salz

Trofie – oder Troffie – werden manchmal als «ligurische Gnocchi» bezeichnet. Die Umschreibung ist etwas irreführend, weshalb wir Ihnen die Zubereitung aufürlich schildern. Nebst den Zutaten brauchen Sie ein rechtes Mass Geduld und ein wenig Fingerspitzengefühl. Das haben in Ligurien übrigens auch die Pastahersteller entdeckt, die den Köchinnen immer mehr die knifflige Arbeit abnehmen. Allerdings handelt es sich bei den industriell hergestellten «Trofie» oft um gewöhnliche Teigwaren.

Die Kartoffeln in der Schale weich kochen, schälen und noch warm pürieren. Mit dem Mehl, dem Olivenöl und ein wenig gesalzenem Wasser rasch zu einem Teig verarbeiten. Darauf achten, dass dessen Konsistenz nicht zu weich oder gar klebrig ausfällt. Vom Teigballen kleine Stücke abschneiden und zu knapp ½ cm dünnen, langen Strängen rollen. Die Teigstränge in etwa 5 cm lange Stücke schneiden und diese zwischen Daumen und Zeigefinger in einer Schraubenbewegung drehen. Mit etwas Weizengriess bestäuben und leicht antrocknen lassen.

Einen grossen Topf mit reichlich Wasser zum Sieden bringen, salzen und die Trofie 6 Minuten darin garen.

Den Zucchino in Scheibchen schneiden und mit den Calamaretti oder Garnelen für die letzten 2 Minuten der Kochzeit zu den Trofie geben und mitgaren, mit einer Schaumkelle herausheben, abtropfen lassen und warm halten.

Für die Sauce die Tomate häuten, entkernen und klein würfeln, die Schalotte fein schneiden, ein Stückchen Peperoncino hacken. In heissem Olivenöl, die Schalotte darin goldbraun anziehen lassen und die Tomaten mit dem Peperoncino hinzufügen. Bei mässiger Hitze rund 4 Minuten dünsten, leicht salzen, dann die Pinienkerne, die Oliven und den Pesto unterrühren. Die abgetropften Trofie, Calamaretti und Zucchinischeiben dazugeben. Alles gut vermischen und heiss servieren.

Der kulinarische Tip: Verarbeiten Sie den Teig der Trofie sofort, d. h. ohne das sonst übliche Ruhenlassen. Er klebt ihnen dann weniger an den Fingern. Benützen Sie als Unterlage, wenn möglich, eine Marmorplatte. Marmor hält den Teig länger kühl, so dass er sich besser verarbeiten lässt. Stellen Sie vom Kochwasser der Trofie 1–2 Esslöffel auf die Seite und verdünnen Sie damit die Sauce, wenn Sie den Eindruck haben, sie sei Ihnen zu trocken geraten.

Trofie mit Pesto und Tintenfischchen oder kleinen Garnelen

Bavette con pescatrice e carciofi
Nudeln mit Seeteufel und Artischocken

Ligurisches Olivenöl extra vergine
4 Knoblauchzehen
1 Zweig Rosmarin
400 g Seeteufel, in kleine Medaillons geschnitten
50 ml Weisswein, idealerweise Pigato
2 fleischige Tomaten, in Würfel geschnitten
1 TL Pinienkerne
2 kleinere Artischocken
320 g Bavette (sehr schmale Bandnudeln)
Salz

Die Kombination aus Fisch, Gemüse und Nudeln gibt es, ganz auf die Jahreszeiten abgestimmt, in vielfältigen Varianten. Die folgende erhält durch die Artischocken, die im Pastawasser mitgegart werden, noch eine intensivere Note.

In einer Bratpfanne etwas Olivenöl erwärmen und die Knoblauchzehen darin anziehen lassen, damit sie ihr Aroma ans Öl abgeben. Den Rosmarin und die Seeteufelmedaillons dazugeben, diese beidseitig scharf anbraten, salzen und mit Weisswein ablöschen. Die Tomatenwürfel und Pinienkerne hinzufügen und den Fisch zugedeckt bei sachter Hitze rund 10 Minuten dünsten.

Die Artischocken von den harten Blättern und Spitzen befreien, eventuell vorhandenes Heu herauskratzen. Die Artischocken der Länge nach in dünne Scheiben schneiden.

In siedendem Salzwasser die Nudeln al dente kochen, kurz vor Ende der Garzeit die Artischocken beigeben und mitgaren. Herausnehmen, abtropfen lassen, beides zum Fisch in die Bratpfanne geben und gut vermengen. Noch ein wenig Olivenöl darübertröpfeln und heiss servieren.

Der kulinarische Tip: Versuchen Sie das Rezept auch einmal mit dünnen Spaghetti.

Moscardini con carciofi
Tintenfischchen mit Artischocken

8 kleine Artischocken
½ Zitrone
Salz
ligurisches Olivenöl extra vergine
3 Knoblauchzehen
1 Zweig Rosmarin
600 g ganz kleine Tintenfischchen (Moscardini)
50 ml Weisswein
12 kleine schwarze Oliven, am besten Taggiascaoliven
1 TL Pinienkerne
1 TL gehackte Petersilie
1 Msp. gehackter Rosmarin

Besonders delikat wirkt das Gericht mit den sehr kleinen Artischocken, die noch kein Heu gebildet haben.

Die Artischocken von den spröden Aussenblättern und Spitzen befreien, der Länge nach in Schnitze schneiden und diese in Salzwasser mit Zitrone ein paar Minuten blanchieren, dann gut abtropfen lassen.

In einer Bratpfanne etwas Olivenöl mit den Knoblauchzehen erwärmen, damit diese ihr Aroma an das Öl abgeben, den Rosmarinzweig hinzufügen und anschliessend die Tintenfischchen darin scharf auf allen Seiten braten. Mit Weisswein ablöschen, leicht salzen, die Artischocken, Oliven und Pinienkerne untermengen. Das Ganze unter schnellem Rühren weiterbraten und mit Petersilie und Rosmarin bestreuen.

Der kulinarische Tip: Wenn Sie beim Fischhändler keine Moscardini ergattern können, behelfen Sie sich mit kleinen Kalmaren oder mit einem festfleischigen Fisch, der sich zum Braten eignet.

«San Giorgio»

Seehecht mit Gemüse

Nasello all'ortolano
Seehecht mit Gemüse

1 ganzer Seehecht, küchenfertig vorbereitet
Meersalz
1 gelbe Peperoni (Paprika)
1 mittelgrosse Aubergine
2 kleine Schlangenkürbisse (Trompette) oder Zucchini
1 reife, aber noch feste Tomate
1 kleine Kartoffel
1 kleine Schalotte
1 Zweig Rosmarin
12 schwarze Taggiascaoliven
1 Zweig Minze
2 EL Olivenöl extra vergine
50 ml trockener Weisswein
50 ml Wasser

Der Seehecht ist ein sehr aromatischer Fisch aus der Familie der Dorsche. Am besten schmeckt er ganz frisch und möglichst einfach zubereitet, so wie es das folgende Rezept vorsieht. Sie können ihn aber auch durch einen Wolfsbarsch oder Brassen ersetzen.

Den Seehecht innen und aussen mit Salz einreiben. Die Peperoni (Paprika) rösten, entkernen und häuten, dann der Länge nach vierteln. Die Aubergine in Würfel, die Schlangekürbisse in Scheiben schneiden. Die Tomate häuten und würfeln, die Kartoffel schälen und hauchdünn hobeln, die Schalotte hacken.

Den Ofen auf 250 Grad vorheizen. Eine ofenfeste Form einölen, den Fisch mit der Bauchseite nach unten hineinlegen und mit dem Gemüse umlegen. Rosmarin, Oliven und Minze dazugeben, ein paar Salzkörnchen darüberstreuen und mit Olivenöl, Wein und etwas Wasser übergiessen. Mit Folie gut abdecken und im vorgeheizten Ofen rund 20 Minuten dünsten.

Der kulinarische Tip: Sollten Sie nach dem Dünsten zuviel Flüssigkeit erhalten haben, können Sie diese in ein Pfännchen abgiessen und noch etwas einkochen. Zum Schluss mischen Sie ein paar Tropfen Olivenöl darunter und giessen die Sauce über den angerichteten Fisch.

Coppa di frutta fresca con zabaione freddo
Frische Beeren mit kalter Weinschaumcreme

800 g frische Beeren, möglichst gemischt
frische Minze
Puderzucker

Weinschaumcreme:
4 Eigelb
200 g Zucker
120 ml trockener Marsala
80 ml trockener Weisswein

Dies ist eine Nachspeise, die Sie auch nach einem ausführlichen Essen noch richtig geniessen. Je nach Jahreszeit lassen sich die Beeren verschieden zusammensetzen, so wie auch eine Mischung mit anderem Obst möglich ist.

Die Beeren putzen und bereitstellen. Für die Weinschaumcreme Eigelb und Zucker schaumig schlagen, Marsala und Weisswein hinzugiessen. Die Creme im Wasserbad unter eifrigem Schlagen mit dem Schneebesen pochieren, bis der Schaum steht.

Auskühlen lassen und in vier Dessertschalen verteilen, die bunt gemischten Beeren darauflegen, mit Puderzucker bestäuben und mit Minze garnieren.

Frische Beeren mit kalter Weinschaumcreme

Badalucco bereite[t] dem Stockfisch jeden September e[in] grosses Fest. An diesem Fest richte[n] die Männer mit d[er] grossen Kelle an, die Frauen überne[h]men die Vorarbeit (Bild Seite 106).

Der Fisch, der aus dem Norden kommt

Der Kabeljau ist ein Fisch, der sich im Atlantik tummelt. Für die Bewohner am Golf von Genua ist er demnach ein Exot. Dennoch hat er seinen Stammplatz in ihrer Küche, und zwar als Stockfisch. Aus dem luftgetrockneten Kabeljau bereiten die Sanremesi ein wunderbar nach Olivenöl duftendes Püree, das «Brandacujùn» (Seite 24). Die Genueser schmoren ihn mit Tomaten und Oliven zusammen und nennen diese Art «accomodato» (Seite 125). Die Zubereitung «alla marinera» hingegen verlangt nach Weisswein und Kräutern. Im Hinterland serviert man die gesottenen Stücke mit Bohnen oder zerpflückt sie wie Thunfisch zu einem Salat.

Wer herausfinden will, wie dieser Fremdling nach Ligurien gelangte, findet den Grund in Genua. Die einst mächtige Republik kontrollierte bis ins 17. Jahrhundert den Handel im westlichen Mittelmeer, auch den Atlantikhandel mit Frankreich, Portugal, England und den Niederlanden. Nach Mittel- und Südeuropa gelangte der Kabeljau von Caffa (heute Feodosia) am Schwarzen Meer und von der Hansestadt Bergen in Norwegen aus, wo er vor dem Transport natürlich konserviert wurde. Dafür gab es – und gibt es noch – zwei Methoden: Die ausgenommenen, aber ganzen Fische werden an Holzstöcken auf Rosten zum Trocknen ausgelegt. Das ist der Stockfisch. Oder aber man zerlegt sie in Hälften und entzieht ihnen erst durch Salzen das Wasser. Das ist der Baccalà oder Klippfisch. Die beiden Endprodukte sind grundverschieden. Als die delikatere Variante gilt das salzfreie Trocknen, also der Stockfisch. Konkurrenz erhielten

Die Bewohner von Badalucco haben der Legende nach den beinharten Stockfisch auch als Waffe benutzt, um die Sarazenen zu vertreiben.

die Norweger, nachdem Christoph Kolumbus die Neue Welt entdeckt hatte und zwei andere Genuesen, Vater und Sohn Caboto, unter englischer Flagge auf Neufundland gelandet waren. «Terra de prima vista» nannten sie es. Etwas nördlicher lagen die Küsten Labradors, und diese schilderte Sebastiano Caboto später als Land des Kabeljaus, «Terra de bacalao». Dass sich aus seinem Bericht ein jahrelanger Krieg um die dortigen Fangrechte entwickeln sollte, zeigt die Bedeutung, die dieser Fisch allgemein hatte.

Ein Fest zu Ehren des Stockfischs feiern die Bewohner von Badalucco im Argentinatal. Den Anlass dazu bietet ihnen ein Sieg über die Sarazenen, denen sie dank eines grossen Vorrats dieser «Konserve» die Stirne boten. Laut Überlieferung benützten sie die beinharten Fischleiber sogar als Waffe, um die Belagerer zu vertreiben. Der kleine Ort mit den Steinbrücken und Mühlen hat eine eigene Zubereitungsart für seinen Lebensretter, «alla badaluccese» natürlich. Vor dem grossen Fest werden unglaubliche Mengen Stockfisch in Waschzubern gewässert. Nach drei Tagen dann ist er soweit, dass man ihn von den Gräten lösen und verarbeiten kann. Trotz des Dorfrezepts hütet jede Familie irgendein Geheimnis um ein entscheidendes Gewürz, ein ausschlaggebendes Kräutlein. Und natürlich gibt es die Einflüsse von den andern Dörfern, wie von Triora und Molini. Eines haben alle an diesem grossen Fest gemeinsam: Den Fisch dazu liefern die Fischer der Lofoten, die mit Badalucco eine Städtepartnerschaft bilden.

Stoccafisso alla badaluccese
Stockfisch nach der Art von Badalucco

Für 8 Personen

1 ganzer Stockfisch
20 g getrocknete Steinpilze
2 Zwiebeln
4 Knoblauchzehen
1 Bund Petersilie
frischer Majoran
150 ml ligurisches Olivenöl extra vergine
4 Sardellenfilets
1 EL Taggiascaoliven
2–3 EL Tomatensauce
100 ml Weisswein
¼ l Gemüsebrühe
Salz
Pfeffer aus der Mühle

Den Stockfisch mindestens drei Tage wässern und dabei das Wasser mehrmals wechseln. Dann den eingeweichten Fisch gut waschen und entgräten, die dicke Mittelgräte aufbewahren, die kleinen Gräten, Bauchlappen, Brust- und Rückenflossen entfernen.

Die Steinpilze einweichen. Zwiebeln, Knoblauchzehen und Kräuter fein hacken und in etwas Olivenöl anziehen lassen. Die Sardellenfilets mit einer Gabel zerdrücken und mit den Steinpilzen samt Einweichwasser und den Oliven hinzufügen. Die Tomatensauce und den Weisswein dazugiessen, etwas einköcheln lassen, und dann mit der Brühe auffüllen.

Auf den Boden eines grossen Kochtopfs die dicken Mittelgräten legen und darauf den in Stücke zerteilten Fisch. Die Sauce abschmecken und zusammen mit dem restlichen Olivenöl darübergiessen. Zugedeckt eine gute Stunde köcheln lassen.

Der kulinarische Tip: Die Gräten werden wegen ihres Aromas mitgegart. Nach längerem Kochen zerfallen sie sogar, und gelten für die Badaluccesi als das Beste überhaupt.

Teigwaren sind in Ligurien zu Hause

Teigwaren. Nudeln. Pasta. Egal, wie man es am Gaumen dreht und wendet, in Ligurien sind die ausgewalzten Teigbänder und Teigblätter, die «Trenette», «Farfalline» oder «Fazzoletti» zu Hause. Dafür sorgten allein schon die ortsansässige Küchenbrigade, das Olivenöl, die Kräuter, das Gemüse und der Fisch. Als eigentliche Hochburg wird zwar immer Neapel in Süditalien genannt. Schuld daran ist möglicherweise der Freiherr von Goethe, der den Nordländern Ende des 18. Jahrhunderts die erste kulinarische Reportage über die «Maccaroni» Neapels lieferte.

Nun haben weder die Neapolitaner noch die Ligurer die Pasta erfunden. Wer es tat, weiss sowieso niemand genau. Hingegen steht fest, dass nicht Marco Polo, wie oft behauptet wurde, die Idee dafür nach Italien importierte. Die Herstellung von Nudeln und die Kunst, diese an der Luft zu trocknen, um daraus schliesslich ein haltbares Lebensmittel zu machen, hatten die Sizilianer von den Arabern gelernt. Das Produkt, mit den mundgerechten Schilderungen dazu, ging seine verschiedenen Handelswege, so dass im Laufe der Zeit mehrere Herstellungszentren entstanden. Palermo, Neapel, Bologna und Genua waren die wichtigsten. Jede Gegend entwickelte eine für sie typische Teigart mit einer dazupassenden Technik und eigenen Formen. Ligurien galt als Spezialistin für «Fidelini». Diese haarfeinen, meterlangen Nüdelchen zierten die Bankette der Genueser Crème de la crème, so wie die «Corzetti stampati» (Seite 26) den Wohlstand augenfällig machten.

Schon vor Goethes Neapelbericht entstand 1740 in Genua die erste Teigwarenfabrik. Weitere folgten. In Pontedassio im Hinterland von Imperia zum Beispiel gründete Paolo Agnesi 1824 sein Pastaimperium. Noch bis vor wenigen Jahren befand sich an derselben Adresse ein zwar kleines, doch für die Region kostbares Museum, das Museo Storico degli Spaghetti. Es zeigte alte Knet- und Pressmaschinen, die verschiedensten Geräte zum Teigschneiden und dokumentierte, dass die ligurische Küche eine innige Beziehung zu den Nudeln pflegt.

Sowohl an der Küste als auch landeinwärts haben sich regionale Spezialitäten entwickelt, von denen manche heute schlicht als «italienisch» gelten. Das bekannteste Beispiel sind die Ravioli. Mit Fascia, dem höchstgelegenen Dorf in Ligurien, streitet sich zwar Gavi im Piemont um deren Urheberschaft. Aber eben – es muss sich darum streiten. Ligurien ist schliesslich die unschlagbare Erfinderin, wenn es um «Ripieni» (Seite 68) geht. Aus derselben Schule stammen auch die «Pansotti» (Seite 54), unbestritten ligurisch mit der Füllung aus wilden Kräutern, dem Preboggiòn und der Nusssauce.

Viele Teigwaren setzten sich aus «dunklen» Mehlen zusammen. Etwa die «Picagge», die zu den alten Spezialitäten des Finalese gehören. Diese Bandnudeln bestanden hauptsächlich aus Roggenmehl, was ihnen – nebst der Nahrhaftigkeit – Aroma und Biss gab. Die modernen Varianten sind leichter verdaulich, doch geschmacklich nur noch ein Abklatsch davon. Viele Teige enthielten zudem einen beträchtlichen Prozentsatz Kleie. Das war auch für die «Farfalline» (Seite 57) der Fall, die im ligurischen Dialekt «Gasse» heissen. Die Bergdörfer hingegen wurden zu Experten in der Verwendung von Kastanienmehl. Etwa für die «Tagliain de Castagne», schmale Bandnudeln, oder die «Bügaéli», eine Art Spätzle. Ein Teil Kartoffeln gehört in den Teig der «Trofie» (Seite 100), obwohl die Nudelfabriken diese aus reinem Weizen produzieren. Ebenfalls nach Kartoffeln verlangen die «Trenette» (Seite 124), wenn auch nicht im Teig, sondern in ihrer allerligurischsten Zubereitungsart mit Bohnen und Pesto. Da diese Nudeln so schmal und dick wie Spaghetti aussehen, werden sie gelegentlich mit solchen verwechselt oder – in der schnellen Küche – durch solche ersetzt. Der Unterschied schreit natürlich zum Himmel. Allein schon, weil Spaghetti neapolitanisch sind.

Was das Teigwarenmuseum in Pontedassio betrifft, so wurde das kleine Schmuckstück nach Rom transferiert und dort ins Museo Nazionale delle Paste Alimentari integriert. Zum Nachteil des ligurischen Tourismus. Was die Pasta von Paolo Agnesi angeht, so befindet sie sich heute unter dem Dach eines Nahrungsmittelriesen. Auch das ist Ligurien.

Kastanien, Bohnen und Erbsen

Der ligurische Höhenweg windet sich vom Passo Muratone im äussersten Westen bis zum Zusammenlauf der Flüsse Vara und Magra bei La Spezia im Osten. Gelegentlich öffnet er sich zu Aussichtsterrassen, zu Füssen Wellen von Eichen- und Kastanienwäldern. Für die Bewohner der hinteren Talschaften bildeten die Kastanien lange das Grundnahrungsmittel. Sie assen sie zum Frühstück und als Abendbrot wie anderswo die Bauern ihre gesottenen Kartoffeln, sie bereiteten daraus Eintöpfe, Suppen und mahlten sie zu Mehl. Nur wenige Dörfer hatten genug fruchtbaren Boden, um zur Abwechslung auch Getreide zu säen. Eine Ausnahme spielte Triora. Durch den Handel mit dem Piemont kam hier soviel Weizen zusammen, dass am tiefer gelegenen Fluss eine weitere Ortschaft entstand: Molini, die Mühlen.

Einen anderen Ausgleich zum fehlenden Getreide gaben die Kichererbsen. Die buschig wachsenden Hülsenfrüchte zieren die Äckerchen längs der Flüsse und zwischen den Olivenbäumen zwar immer weniger. Doch der Geschmack der «Farinata» (Seite 96) lässt sich durch kein anderes Mehl erreichen.

Wenn von ligurischer Schlemmerkost die Rede ist, sind die Bohnen nicht weit. Auch die Puffbohne oder Dicke Bohne, die bereits vor der Verbreitung der neuen Sorten aus Amerika in Ligurien heimisch war. Ihre getrockneten Kerne gelten als schwer verdaulich, während sie jung und grün sehr delikat schmecken. Im Frühling servieren sie manche Landtrattorien sogar roh, zusammen mit aufgeschnittenem Salami und Käse. Aber auch die anderen Bohnen, die bei uns ein eher lustloses Dasein fristen, geniessen in Ligurien eine bevorzugte Behandlung. Am verbreitetsten sind die weisskernigen Sorten, von denen es mehrere Unterarten mit verschiedenen Dialektbezeichnungen gibt. Weil die Wasserqualität und der Boden den Geschmack dieser Früchtchen beeinflussen, unterscheiden die Ligurer zwischen den Anbaugebieten. Die Ortschaften Badalucco, Conio und Pigna zählen zu den Spitzenlagen. Trotz ihres Ruhms werden diese Böhnchen heute praktisch nur noch für den Eigenbedarf produziert.

Einen Ausgleich zum fehlenden Getreide gaben die Kichererbsen, mit deren Mehl die «Farinata» hergestellt wird. Dazu kamen unzählige Sorten von Bohnen, die in den Ortschaften Badalucco, Pigna und Conio ihre Spitzenlagen hatten. Trotz ihres Ruhmes werden diese Böhnchen praktisch nur noch für den Eigenbedarf angebaut.

Warum nur Adam von den Äpfeln naschte?

Die Märkte an der ligurischen Küste kitzeln die Sinne: Spargeln von Villanova d'Albenga, Artischocken von Costarainera, Pilze aus dem Bormidatal, Tomaten von Cipressa, Kirschen von Camogli, Walderdbeeren, Weinbergpfirsiche und alles Erdenkliche sonst, das sich in eine Bergpredigt für Geniesser miteinschliessen lässt. Am unverblümtesten reizen im Herbst die Feigen, prall und vollreif, mit glänzenden Zuckertränchen auf den Backen. Für die ligurischen Landfrauen sind diese Früchte nicht einmal etwas Besonderes, wachsen doch die Bäume in praktisch jedem Hausgarten, recken sich über Mäuerchen, versperren die Pfade. Der süssliche Geruch der Blätter, den man in den Früchten wiederfindet, stösst sogar viele ab, so dass die Feigen, am Boden aufgeplatzt, einfach liegen bleiben. Das freut die Wildschweine, die es in den Wäldern des Hinterlandes in grosser Anzahl gibt. Römische Schlemmer wie Apicius hatten sich aus derartigen Naturbeobachtungen etwas Besonderes ausgedacht: Sie mästeten mit den Feigen ihre Hausschweine. Überhaupt nicht schlecht schmeckt aber auch die ligurische Version, wie sie oft in ländlichen Trattorien aufgetischt wird: Luftgetrockneter Schinken und Salami, kombiniert mit den frischen Früchten. Sie machen Appetit zum Schnabulieren, bis es dann ans «richtige» Essen geht.

Von anderer Pracht sind die Orangen und Zitronen. Zu «glühn» wie in Goethes Mignon beginnen sie erst im Winter, und wenn sich der Himmel in lachendem Blau dahinter aufspannt, prägen sie sich als schönstes Bild in die Erinnerung. Das Klima an der ligurischen Küste passt diesen Zitrusfrüchten. Für Plantagen wie in Süditalien fehlt zwar der Platz, aber fast jeder Hausgarten hütet einen Baum mit den dekorativen Zwerg- und Bitterorangen und natürlich auch einen mit Zitronen. Weil man sie an den Bäumen ausreifen lässt und die Schale nicht zusätzlich behandelt, duften sie nach dem Pflücken noch lange. Ebenso unvergleichlich ist das Aroma dieser Früchte. Es gibt Rezepte, nach denen sehr kleine, aber geschmacksintensive Zitronen in Salz eingemacht werden. Ein anderes beliebtes Hausrezept ist ein Zitronenlikör. Solche Delikatessen kann man – mit etwas Glück – da und dort kaufen. Vom Duft der frischen Zitronen bleibt einem nur zu träumen.

Die Küste der Ponente, wie hier er Strand von Noli, wurde erst nach dem Zweiten Weltkrieg als Badeziel «entdeckt». Der ursprüngliche Tourismus an der Riviera ist ein Wintertourismus.

Leer liegen die Strä
Die Oliven sind reif.

DE.

Es ist Zeit für Artischocken, Farinata und Kastanienkuchen. Gelb leuchten Mimosen und Zitronen.

Schwarze Oliven, flüssiges Gold

Es ist der Lärm der Vögel – Drosseln, Stare, Ammern –, der kundtut, dass in den Olivenhainen Hoch-Zeit ist. Manche von ihnen versorgen sich mit Energie, bevor sie weiterfliegen, andere fressen sich an den reifen Früchten einfach voll. Die alten Bauern pflegten ihr eigenes Gerechtigkeitssystem mit diesen Plünderern: Sie liessen sie sich selber mästen, ja, quasi von innen her mit den Aromastoffen der Oliven imprägnieren. Für Schafe, die auf den Salzweiden der Atlantikküste wohlgenährt wurden, gibt es den kulinarischen Ausdruck «Présalés», die Vorgesalzenen oder Vorgewürzten. Für die Vögel in den Olivenhainen fehlt das Pendant. Was insofern keine Rolle spielt, als sie als gebratene Leckerbissen auch in Ligurien ein Tabu geworden sind.

Es gibt noch einen zweiten Lärm, einen, den die Olivenpflücker veranstalten. Man muss sich etwas in die Schatten der Bäume vorwagen, um das Schlagen auf Holz, das Rascheln von Zweigen, da und dort Menschenstimmen wahrzunehmen. Im Grunde genommen sind es die aufgespannten Nylonnetze, manchmal

wie Flocken von Schleiern, manchmal wie gespannte bunte Segel, die einen herlocken. Für die Ölmüller und die Bauern hat diese Kunst in der Landschaft einen praktischen Zweck: Sie schützt die Oliven vor der Bodenberührung. Reichen doch nur schon wenige Stunden in Kontakt mit der Erde aus, um die Ölsäurewerte in die Höhe zu treiben. Die EU-Norm toleriert 1 Gramm freie Fettsäure auf 100 Gramm Öl, soll dieses als «extra vergine» – oder für Deutschland als «natives Olivenöl extra» – auf den Markt kommen.

Wie gut ein Olivenöl wird, entscheidet sich schon bei der Ernte. Die Wahl des richtigen Zeitpunkts ist wichtig, aber auch die Erntemethode. In Ligurien, wo die Olivengärten an Hängen und auf Terrassen angelegt sind, nehmen keine Maschinen die Lese ab. Alles ist noch Handarbeit, und wer die Pflücker auf den Leitern und Ästen herumturnen sieht, versteht, warum die neue Bauerngeneration nunmehr kleinwüchsigere Bäume züchtet. Die aufwendigste, aber zugleich schonendste Methode ist das Ablesen mit den Fingern. Nur Familienbetriebe können sich diese Mühe noch leisten, oder dort, wo dafür Lohn bezahlt werden muss, verteuert sie das Öl zu wahren Goldtröpfchen. Rascher geht es, wenn man die Oliven mit V-förmig zugeschnitzten Astgabeln abstreift oder sie, wo die Zweige zu hoch sind, mit Stangen herunterschlägt. Das Schlagen hat den Nachteil, dass es die Früchte verletzt und sie schnell zum Gären oder Schimmeln bringt. Die professionellen Spürnasen werden den Makel herausriechen und das Öl entsprechend bewerten.

In jedem Fall müssen die Oliven nach der Ernte sofort eingesammelt, verlesen und zur Mühle gebracht werden. Das ist bei reifen Früchten, wie sie in Ligurien für das Öl der Brauch sind, besonders wichtig. In anderen Regionen zieht man die Lese lieber vor, presst also die Oliven, wenn sie noch fast grün sind. Das hat neben praktischen auch geschmackliche Gründe: Das Öl aus solchen Früchten wirkt viel kräftiger als zum Beispiel das ligurische, das sich durch ein zartes Bouquet auszeichnet. Wenn also für die Rezepte in diesem Buch «ligurisches Olivenöl extra vergine» vorgeschlagen wird, ist dies keine Werbung, sondern der Rat, einen delikaten Fisch, einen subtilen Pasta- oder Gemüsegeschmack nicht mit etwas Wuchtigem zu ruinieren. Dass mit Olivenöl heute weltweit ein Kult

Die Olivenernte ist in Ligurien Handarbeit. Die reifen Früchte werden von Hand abgelesen, mit Kämmen abgestreift oder mit Stangen heruntergeschlagen.

Die Netze hindern die Oliven daran, mit dem Boden in Berührung zu kommen, reichen doch schon wenig[e] Stunden Bodenkontakt aus, um die Ölsäurewerte [in] die Höhe zu treibe[n].

betrieben wird, hängt eben auch mit der faszinierenden Vielfalt dieses Produkts zusammen. Es ist, wenn Bauern und Müller mit Sorgfalt arbeiten, viel mehr als ein beliebiger Fettstoff. Es ist eine kostbare Essenz zum Abrunden und Würzen.

Die Ernte der Taggiascaoliven beginnt in der Regel im Dezember. Je nach Lage der Bäume und Wetterverhältnissen während des Sommers sind die Früchte nachtblau, fast schwarz, vereinzelt noch rötlichgrün. Jeder Ölmüller hat über den idealen Reifegrad seine eigenen Vorstellungen; die letzten Oliven jedoch werden meistens im März gepflückt. Nur in Ausnahmejahren lassen Wagemutige ihre Früchte bis weit in den April an den Bäumen. Dies ergibt ein ganz helles, durchscheinendes Öl mit weisslichem Schimmer. Auch geschmacklich wirkt es ungemein elegant und weich, mit verhaltenem Mandelaroma. Es sind Luxuströpfchen für feinfühlige Gelegenheiten. Nanni Ardoino, der 1981 als erster eine solche Spätlese unter dem Namen «Biancardo» auf den Markt brachte, hatte Hinweise darauf in der Geschäftskorrespondenz seiner Vorfahren entdeckt. Vor allem der russische Hochadel, der sich an der Riviera zu erholen pflegte, zeigte sich von dem delikaten Öl angetan.

Beim Bauern werden die Oliven sofort verlesen und in spezielle Masseinheiten abgefüllt.

Nach dem Verlesen und Waschen kommen die Oliven – nach traditioneller Art – in der Mühle zum Mahlen in den Kollergang.

Der Westen von Ligurien ist die einzige Ölbauregion, die ihre Oliven so spät erntet. Die Ausnahmesituation wird durch das besondere Klima begünstigt, anderseits erfordern derart reife Früchte auch viel Fingerspitzengefühl beim Müller. Im *frantoio*, wie die Mühlen heissen, beginnt der Verarbeitungsprozess. Dieser unterteilt sich – seit es das Öl gibt – in zwei Abläufe, das Mahlen und das Pressen. Für beide Phasen gibt es mehrere Methoden: Beim Mahlen gilt die traditionelle Art mit den Steinrädern aus Granit noch immer als die schonendere. Die Oliven kommen nach dem Verlesen und Waschen in eine riesige runde Schüssel, den sogenannten Kollergang. Nur noch in ganz wenigen Mühlen ist auch diese aus Granit. Der Stein sorgt dafür, dass sich der Olivenbrei während des Mahlvorgangs möglichst wenig erwärmt. Dies mag ein Detail scheinen, wirkt sich jedoch auf den Geschmack des Öls aus. Von ähnlicher Bedeutung ist die Einstellung der Geschwindigkeit, mit der sich die Räder drehen. Früher besorgten Tiere diese Arbeit, indem man sie an eine Deichsel spannte, die mit dem Mahlstein verbunden war. Heute ist es die Elektrizität, in sehr seltenen Fällen noch die Wasserkraft. Auch die Dauer des Zermahlens will genauestens auf den Reifegrad der Oliven, den Zustand des Fruchtfleischs, die proportionale Grösse der Kerne abgestimmt sein. Nur die besten Ölmüller, solche, wie wir Sie Ihnen in diesem Buch vorgestellt haben, schlagen sich mit derartigen Finessen herum.

Um den Olivenbrei pressen zu können, füllt man ihn in spezielle Kunststofftaschen, die «Fiscoli». Früher waren diese aus Naturfasern, die allerdings das Risiko erhöhten, dass sie das Olivenöl mit einem unangenehmen Nebengeschmack verunreinigten. Etwa dreissig gefüllte Taschen werden aufeinandergeschichtet und unter eine hydraulische Presse geschoben. Je nach Mühle, nach der Konsistenz des Olivenbreis und der erwünschten Ölqualität beträgt der Druck zwischen 200 und 400 Atü. Es braucht keine technischen Kenntnisse, um sich vorzustellen, dass mit weniger Druck der reinere Saft herausfliesst, als wenn alles aus dem Brei gequetscht wird. Das kostbarste Olivenöl wird denn auch überhaupt nicht gepresst, sondern tropft einfach unter dem Druck des Eigengewichts ab. Dieses sogenannte «Tropfenöl» oder «Tröpfchenöl» heisst im ligurischen Dialekt «Oiü de s'ciappa», und es schmeckt so harmonisch, dass dafür die Vergleiche fehlen. Andere, maschinelle Methoden umgehen das Pressen oder Abtropfen in den «Fiscoli». Grosse Mühlen pumpen den Olivenbrei direkt in Zentrifugen, die in zwei Arbeitsgängen erst die flüssigen von den festen Bestandteilen und schliesslich das Öl vom Fruchtwasser trennen. Schonender arbeitet die Sinoleatechnik, die mit Edelstahlklingen das Öl aus dem Olivenbrei herauszieht. Das verbliebene Mus kann dann – je nach Qualitätsansprüchen – noch mit einer Zentrifuge ausgepresst werden. Sämtliche Methoden liegen

Zum Pressen füllt man den Olivenbrei in spezielle Kunststofftaschen, die «Fiscoli», die anschliessend aufeinandergetürmt werden. Das Öl tropft schon durch das Eigengewicht des Turms aus den Matten.

Trennen von Öl und Fruchtwasser durch Handschöpfung.

natürlich innerhalb der EU-Vorschriften für kaltgepresstes Olivenöl – oder «Olio di oliva extra vergine», in Deutschland offiziell «natives Olivenöl extra» –, sofern sie die maximale Erhitzung von 32 bis 40 °C nicht überschreiten und keine chemischen Zusätze verwenden. Wie grobmaschig der Begriff gefasst ist, zeigt sich allein an den hier geschilderten Nuancen.

Auch das Öl, das durch Abtropfen oder hydraulische Pressung gewonnen wird, ist noch mit Fruchtwasser durchmischt und muss von diesem getrennt werden. Nur bei auserlesener Qualität und in Mühlen mit viel Handarbeit schöpfen die Müller das erste Öl sorgsam von Hand ab. «Fior d'olio» nennen sie in Ligurien dieses noch echte Jungfernöl. Der Rest wird mit der Zentrifuge getrennt und vor dem Abfüllen in Flaschen etwas ruhen gelassen. Weil das Olivenöl aus den grossen Fabriken immer klar und goldflüssig gewesen ist, glauben die Konsumenten heute, das müsse so sein. Aus diesem Grund filtern auch kleine Betriebe ihr Öl noch gelegentlich. Ungefiltert hingegen hat es mehr Geschmack, und die Trübstoffe, die sich nach einer Weile auf den Boden setzen, sind nichts anderes als feinstgemahlenes Fruchtfleisch der Oliven.

Mit der Kennzeichnung «Olio di frantoio» setzte sich – bevor mit «extra vergine» das grosse Geschäft zu machen war – das kaltgepresste Olivenöl der Mühlen gegen das raffinierte Öl der Fabriken ab. Unter der bürokratischen Sicht von vielschichtigen europäischen Interessen ist aus dem Prädikat «Olio extra vergine» ein international gepanschtes Massenprodukt geworden. Keinem mittelmässigen Weinkenner würde es einfallen, über zehn Franken für eine Flasche «Italienischen Rotwein» auszugeben. Beim Olivenöl hingegen bezahlt nicht selten derselbe Kenner das Doppelte für dieselbe Qualität und zuckt mit keiner Geschmackspapille. Weil heute ein «Olivenöl extra vergine» – oder «natives Olivenöl extra» – alles sein kann, solange es in die EU-Norm passt und die Tests der Labors besteht, haben die ligurischen Ölmüller ihren Goldschatz ins Visier genommen. Ihr Olivenöl, so meinen sie, müsste auf der Flasche Auskunft geben:

Bei der Sinoleatechnik, einer schonenden, modernen Methode, wird das Öl mit Edelstahlklingen aus dem Olivenbrei herausgezogen. Grosse Mühlen pumpen den Olivenbrei in Zentrifugen, in denen die flüssigen von den festen Bestandteilen und anschliessend das Öl vom Fruchtwasser getrennt werden.

zumindest über die Olivensorte, das Anbaugebiet sowie Ernte- und Verarbeitungsmethoden. Für die Käuferinnen und Käufer, die ratlos vor den Warengestellen stehen, wäre dies eine beträchtliche Hilfe. Im Grunde genommen zielen derartige Bestimmungen auf ein DOC-Olivenöl ab, wie es schliesslich auch DOC-Weine gibt. Unter den gegenwärtigen Normen ist ein handgeschöpftes Tropfenöl, auf Granitstein gemahlen, ungefiltert und aus 100% Taggiascaoliven aus Lucinasco in Ligurien gleichviel wert wie – eben – ein «kaltgepresstes Olivenöl» oder «Olio di oliva extra vergine», punkt. Aber die ligurischen Olivenbauern, Ölmüller und Fabrikanten sind, was die DOC betrifft, zerstritten. Ähnlich wie in anderen Regionen und Ländern Europas. Denn das Interesse daran, dass es keine DOC gibt, ist viel mächtiger.

«Cucina & Vino Sola»

und seine Rezepte
Via Barabino 120/r, 16100 Genua

Ohne die Enoteca der Geschwister Sola – gebürtige Piemontesen – wäre Genuas Gastronomie um sehr vieles ärmer. Die führende Persönlichkeit dieser behaglichen Weinstube ist Pino Sola, ein weit über Ligurien hinaus bekannter Sommelier. Ihm zur Seite steht sein Bruder Luigi; in der Küchenbrigade waltet die Schwester Margherita. Dass man an den dunkel glänzenden Holztischen gemütlich sitzt und klein, aber fein zu speisen vermag, wirkt wie ein Magnet auf Weinliebhaber, Bonvivants und die Angestellten der umliegenden Geschäfte. Stammgäste schneien gelegentlich auch nur mal zum Degustieren herein oder um guten Tag zu sagen. Die Qualität von Küche und Keller ist hochstehend, und wer nach dem echten, reintönigen Geschmack sucht, findet ihn hier. In Pino Sola entdeckt man zudem einen leidenschaftlichen Fürsprecher des kleinen Landes am ligurischen Meer.

Radici di Chiavari e acciughe sotto sale
Wurzelzichorie mit Sardellen

350 g Wurzelzichorie (ersatzweise milder Rettich oder Kohlrüben)
1–2 Knoblauchzehen
Salz
Weinessig
ligurisches Olivenöl extra vergine
120 g eingesalzene Sardellen (ersatzweise in Öl eingelegte Sardellenfilets)

Die Wurzelzichorie, wie sie im Hinterland von Chiavari und Albenga angebaut wird, schmeckt verhalten bitter und bildet mit den eingesalzenen Sardellen, diesem Urfisch der ligurischen Küche, ein perfektes Gespann.

Die eingesalzenen Sardellen in Essigwasser sehr gut waschen, dann wässern und die Gräten entfernen. Nach Belieben in Olivenöl marinieren.

Die Wurzelzichorien schälen, der Länge nach halbieren und in reichlich Salzwasser weich garen. Abgiessen, mit fein geschnittenem Knoblauch bestreuen, etwas Essig und Olivenöl darübergiessen und bei Raumtemperatur eine Weile ziehen lassen.

Dann mit den Sardellenfilets dekorativ anrichten und als Vorspeise oder leichte Zwischenmahlzeit servieren.

Pino Solas Weinvorschlag: Ein nicht zu körperreicher Weisswein mit fruchtiger Säure, z.B. aus der Bianchetta- oder Lumassinatraube.

Wurzelzichorie mit Sardellen

Zuppa di trippe
Kuttelsuppe

200 g eingeweichte, weisse Böhnchen (Canellini)
400 g Kutteln, vom Metzger vorgekocht
40 g Pancetta (Bauchspeck)
1 Zwiebel
1–2 Karotten
1–2 Stengel Bleichsellerie
2 Lorbeerblätter
1 EL Tomatensauce
10 g eingeweichte, getrocknete Pilze
100 ml Weisswein
750 g Kartoffeln
Salz und Pfeffer

4 Brotscheiben
1 Knoblauchzehe
ligurisches Olivenöl extra vergine

Die Kutteln sind ein Markenzeichen der Genueser Küche. Die speziellen Metzgereien dafür, die sogenannten Tripperie, bieten sie in einer bei uns unbekannten Vielfalt und appetitlichster Frische an.

Die eingeweichten Bohnen abgiessen und in 1½ l frischem gesalzenem Wasser halb gar kochen.
Die Kutteln in Streifen schneiden.
Pancetta, Zwiebel, Karotten und Sellerie fein hacken und mit den Lorbeerblättern in etwas Olivenöl anziehen lassen. Die Tomatensauce, dann die Kutteln und die abgegossenen Pilze hinzufügen, alles gut vermengen, mit Weisswein ablöschen und schliesslich zu den Böhnchen in den Topf geben. Die Kartoffeln schälen, würfeln und ebenfalls hinzufügen. Die Suppe köcheln lassen, bis alle Zutaten weich sind. Mit Salz und Pfeffer abschmecken.

Zum Anrichten die Brotscheiben rösten, mit Knoblauch einreiben und in die Teller legen. Die Suppe darübergiessen und zur geschmacklichen Abrundung mit ein paar Tropfen Olivenöl beträufeln.

Pino Solas Weinvorschlag: Mit den intensiven Aromen dieser Suppe verbindet sich ein junger, lebhafter Rosso dei Colli di Luni am vortrefflichsten.

Trenette al pesto
Bandnudeln mit grünen Bohnen und Kartoffeln

2 mittelgrosse Kartoffeln
100 g grüne Bohnen
400 g Trenette (schmale Bandnudeln)
2 EL Pesto (Seite 72)

Was die Popularität dieses so einfachen Nudelgerichts betrifft, steht sie den Ravioli oder «Panzerotti» in nichts nach.

Die Kartoffeln schälen und klein würfeln. Die grünen Bohnen waschen und je nach Grösse ganz lassen oder in 5 cm lange Stücke schneiden. Beides in siedendes Salzwasser geben und mit den Nudeln al dente garen.

Bis auf einen Rest von 1–2 Esslöffeln Kochwasser abschütten, den Pesto daruntermengen und das Gericht heiss servieren.

Pino Solas Weinvorschlag: Der Pesto macht es dem Wein etwas schwer. Ein runder Pigato oder ein junger, leichter Rossese dürften dem Ideal am nächsten kommen.

Patate e funghi
Kartoffeln mit Pilzen

750 g Kartoffeln
750 g frische Steinpilze
1 EL gehackte Petersilie
2–3 gehackte Knoblauchzehen
Salz
Pfeffer aus der Mühle
100 ml trockener Weisswein, am besten Pigato
50 ml ligurisches Olivenöl extra vergine

Die Zusammensetzung dieser Zutaten ergibt ein Gericht von umwerfender Aromafülle. Es ist das vollendete Beispiel einfachster ligurischer Hinterlandküche.

Die Kartoffeln schälen, die Pilze putzen und beides in hauchdünne Scheiben schneiden.

Den Ofen auf 210 Grad vorheizen.
Eine Gratinform einölen, mit einer Schicht Kartoffelscheibchen und darauf einer Schicht Pilze belegen. Etwas Petersilie und Knoblauch darüberstreuen und mit je einer weiteren Lage Kartoffelscheiben und Pilzen bedecken und wieder etwas Petersilie und Knoblauch darauf verteilen. Wenn alle Zutaten aufgebraucht sind, Salz und frisch gemahlenen Pfeffer darüberstreuen, mit Weisswein und Olivenöl begiessen. Mit Alufolie zudecken und im vorgeheizten Ofen rund ¾ Stunden schmoren lassen.

Pino Solas Weinvorschlag: Der ideale Partner zu diesem Gericht braucht Rasse und Charakter. Das kann ein gut strukturierter, körperreicher Pigato sein oder ein Rossese di Dolceacqua mit guter Fülle.

Kartoffeln mit Pilzen

Stoccafisso accomodato
Stockfisch mit Oliven, Kartoffeln und Tomaten

750 g gewässerter Stockfisch
1 Zwiebel
1 Stengel Bleichsellerie
1 Knoblauchzehe
1 Stengel Petersilie
80 g grüne Oliven
1 EL Kapern
1 eingesalzene Sardelle (oder 2 Sardellenfilets aus der Dose)
100 ml Weisswein
2 reife Tomaten
750 g Kartoffeln
1–2 EL heisses Wasser
Salz
ligurisches Olivenöl extra vergine

»Den Stockfisch haben die Genueser, egal aus welcher Gesellschaftsschicht, im Blut«, meint Pino Sola. Es ist denn auch das Gericht, das die Küche der Enoteca nie von der Karte streichen würde, selbst im Sommer nicht.

Den Stockfisch in einem grossen Topf mit viel Wasser ein paar Minuten blanchieren, dann von Haut und Gräten befreien. Die Zwiebel und den Sellerie fein schneiden und in etwas Olivenöl anziehen lassen. Den Knoblauch und die Petersilie hacken und hinzufügen, ebenfalls die Hälfte der Oliven, die Kapern und die mit einer Gabel zerdrückte Sardelle. Den in Stücke zerlegten Stockfisch darauflegen, die restlichen Oliven darüberstreuen und mit Weisswein ablöschen. Die Tomaten und Kartoffeln würfeln, zum Stockfisch in den Topf geben, salzen und mit etwas heissem Wasser befeuchten. Zugedeckt köcheln lassen, bis die Kartoffeln weich sind.

Pino Solas Weinvorschlag: Der eigenwillige und prägnante Geschmack des «Stocche» verlangt nach einem charaktervollen Rotwein, z.B. einem Ormeasco di Pieve di Teco.

Stufato di capra e fagioli
Geschmortes Ziegenragout mit Bohnen

750 g Ziegenfleisch, sauber pariert und in Würfel geschnitten

Marinade:
¾ l Weisswein
1 gewürfelte Karotte
1 Stengel Bleichsellerie, gewürfelt
1 Zwiebel, mit 5 Pfefferkörnern bestecket

250 g Borlottibohnen
80 g Bauchspeck
2 Lorbeerblätter
1 Zweig Rosmarin
2 Knoblauchzehen
1 Zwiebel
1 Karotte
1 Stengel Bleichsellerie
1 EL ligurisches Olivenöl extra vergine
Salz
Pfeffer aus der Mühle
¼ l junger Rossese di Dolceacqua

Das Gericht hat seine kulinarische Heimat im tiefsten Hinterland der beiden Flusstäler Nervia und Barbeira, also in der westlichsten Ecke des Ponente. Sein Aroma ist würzig-herb und erinnert an die Kräuter der Macchia, von denen die Ziegen gern naschen.

Alle Zutaten zur Marinade mischen und das Fleisch darin über Nacht einlegen. Herausnehmen und trockentupfen.

Die Bohnen über Nacht in Wasser einweichen. Abgiessen und in frischem Wasser 1 Stunde garen. Den Speck, die Kräuter und das Würzgemüse fein schneiden und im Olivenöl anziehen lassen. Die Fleischstücke dazugeben und von allen Seiten kräftig anbraten. Salzen und pfeffern, mit dem Rossese ablöschen und schliesslich die Bohnen untermengen. Zudecken und bei sachter Hitze rund 3 Stunden schmoren lassen.

Pino Solas Weinvorschlag: Ein Rossese mit einem guten Jahrgang und einer gewissen Reife ergibt die schönste Harmonie.

Geschmortes Ziegenragout mit Bohnen

Agnelletto nostrano con carciofi
Gebratenes Milchlamm mit Artischocken

750 g zartes Lammfleisch, in Stücke geschnitten
6 kleinere Artischocken
1 Zitrone, Saft
1 Zwiebel
1 Stengel Bleichsellerie
1 Karotte
ligurisches Olivenöl extra vergine
Salz
Pfeffer aus der Mühle
1 Zweig Rosmarin
3 Knoblauchzehen
1 EL Pinienkerne
2 Lorbeerblätter
100 ml Weisswein
1–2 EL Fleisch- oder Gemüsebrühe
1 EL fein gehackte Petersilie

Das Lamm ist natürlich ein Bote des Frühlings aus den Bauerndörfern.

Die Artischocken von den zähen Blättern und den harten, dornigen Spitzen befreien und der Länge nach in Stücke schneiden. Diese in etwas Wasser mit Zitronensaft legen, damit sie nicht braun werden.

Die Zwiebel, den Sellerie und die Karotte fein schneiden, in etwas Olivenöl anziehen lassen, die Fleischstücke hinzugeben, würzen und von allen Seiten kräftig anbraten. Den Rosmarin, eine Knoblauchzehe und die Pinienkerne hacken und mit den Lorbeerblättern unter das Fleisch mengen. Mit dem Weisswein ablöschen, diesen verdunsten lassen und anschliessend etwas Brühe dazugiessen. Auf sachtem Feuer halb zugedeckt eine halbe Stunde schmoren, dann die Artischocken unter das Fleisch mischen. Zugedeckt weitergaren, bis diese weich sind. Vor dem Anrichten mit dem restlichen fein gehackten Knoblauch und der Petersilie bestreuen.

Pino Solas Weinvorschlag: Die Gewürze und das Lammfleisch verbinden sich am idealsten mit einem aromareichen, beerigen Rosso dei colli di Luni.

Castagnaccio
Kastanienkuchen

Für 6–8 Personen oder ein Kuchenblech von 26 cm Durchmesser

300 g Kastanienmehl
5 EL ligurisches Olivenöl extra vergine
½ l Wasser
1 Prise Salz
100 g Sultaninen
100 g Pinienkerne
etwas gehackter Rosmarin

Herb und dunkel, wirkt dieser Kuchen wie die Erinnerung an ein archaisches Ligurien.

Den Backofen auf 180 Grad vorheizen.

In einer Schüssel das Kastanienmehl mit dem Olivenöl und dem Wasser gut vermengen. Die übrigen Zutaten daruntermischen und die Masse auf einem eingeölten Kuchenblech verteilen.

Im vorgeheizten Ofen rund 35 Minuten backen und nach Belieben noch mit Pinienkernen und Sultaninen dekorieren.

Pino Solas Weinvorschlag: In der Nachbarregion Piemont findet sich der Traumpartner: ein Brachetto d'Acqui.

Kastanienkuchen

Pandolce antico
Genueser Früchtekuchen

Für eine Kuchenform von 28 cm Durchmesser

400 g Mehl
200 g Zucker
1 Ei
6 EL ligurisches Olivenöl extra vergine
1–2 EL Orangenblütenwasser
1 Briefchen Backpulver
1 Prise Salz
200 g Sultaninen, in Marsala eingeweicht
200 g kandierte Zitronen- und Orangenschalen, klein gewürfelt
50 g Pinienkerne
1 TL Anissamen

Beim «Pandolce», so sind die Genuesen überzeugt, handelt es sich um eine Überlieferung aus der Antike. Sowohl an der westlichen als auch der östlichen Riviera ist es zum traditionellen Weihnachtsgebäck geworden.

Den Backofen auf 200 Grad vorheizen.

Das Mehl in eine Schüssel sieben und eine Mulde bilden. In diese den Zucker, das Ei, das Öl, das Orangenblütenwasser, das Backpulver und eine Prise Salz geben. Alle Zutaten gut vermischen, dann die Sultaninen, Zitrusschalen, Pinienkerne und Anissamen untermengen. In eine eingeölte Kuchenform füllen und im vorgeheizten Ofen rund eine Stunde backen.

Pino Solas Weinvorschlag: Hierzu gehört ganz einfach ein Sciacchetrà delle Cinqueterre.

Pere cotte in vino rosso
Birnen in Rotwein

4–6 nicht zu grosse Birnen (Gute Luise oder Kaiser Alexander)
1 Flasche Rotwein (z. B. Ormeasco)
1 Zimtstange
3 Gewürznelken
¼ Stück Sternanis
4 EL Zucker

Ursprünglich nahm man für dieses Dessert nur eine bestimmte Sorte Birnen, welche die Bauern im Herbst auf den Markt brachten. Heute muss man sich meistens mit einer Standardsorte behelfen.

Den Backofen auf 180 Grad vorheizen.

Die Birnen waschen, mit dem Stiel nach oben in eine Gratinform mit hohem Rand stellen und die Gewürze dazwischen verteilen. Soviel Rotwein darübergiessen, dass die Birnen bis über «den Bauch» damit bedeckt sind. Den Zucker darüberstreuen und die Birnen im vorgeheizten Ofen rund eine Stunde schmoren lassen. Ausgekühlt servieren.

Birnen in Rotwein

An Epifania, dem italienischen Dreikönigsfest, kommt die Hexe Befana u[nd] bringt den braven Kindern Geschenk[e] und den «bösen» Kohle aus Zucker. [Es] ist die Zeit, in der die Weihnachtsbeleuchtung wieder abgeräumt wird u[nd] die Mimosen zu blühen beginnen.

«Da Luchin»

und seine Rezepte
*Via Bighetti 51/53,
16043 Chiavari*

Die vergilbten Fotos an den Wänden vermitteln einen ungefähren Eindruck von der Persönlichkeit des «alten» Luchin, der 1907 diese Osteria eröffnete. Nun wirtet hier die dritte Bonino-Generation, und Enkel Toni macht die «Farinata», als hätte er das Handwerk im Blut. Onkel Pipo meint zwar, dass vieles komplizierter geworden sei: «Zu Luchins Zeiten gab es höchstens eine oder zwei warme Mahlzeiten. Nun müssen auch Osterien wie die unsere viele verschiedene Gerichte anbieten, sonst bleiben die Gäste weg.» Vorläufig sitzen diese noch immer einträchtig an den langen Tischen, und wenn sie einander nicht kennen, tun sie es spätestens beim zweiten Glas Barbera. Das Essen stützt sich unverändert auf die Rezepte des alten Luchin und wird jeden Morgen frisch zubereitet.

200 g Kichererbsen
200 g weisse Böhnchen (Cannellini)
ein paar getrocknete Pilze
80 g Pancetta (Bauchspeck)
1 Zwiebel
1 Bund Petersilie
Olivenöl extra vergine
1 TL Tomatenpüree
2–3 Mangoldblätter
Salz
Pfeffer aus der Mühle

Zuppa di ceci e fagioli
Kichererbsen-Bohnen-Suppe

Dies ist ein typisches Wintergericht der hinteren Täler, das aufgewärmt am folgenden Tag noch besser schmeckt.

Die Hülsenfrüchte getrennt am Vorabend einweichen. Abgiessen und getrennt in je 1 ½ Liter Wasser rund eine Stunde kochen.

In der Zwischenzeit die Pilze einweichen. Pancetta, Zwiebel und Petersilie hacken und in etwa einem Esslöffel Olivenöl anziehen lassen. Die Pilze abtropfen lassen und mitdünsten, das Tomatenpüree dazugeben, alles gut vermengen und mit etwas Kochbrühe von den Kichererbsen ablöschen. Die Mangoldblätter fein schneiden und daruntermischen, dann die gekochten Kichererbsen und Böhnchen zufügen. Salzen, eine weitere Stunde köcheln lassen und vor dem Servieren mit Pfeffer und etwas Olivenöl abschmecken.

Torta di carciofi
Artischockenkuchen

4 mittelgrosse Kartoffeln
½ TL Oregano
4 Artischocken
1 Zitrone, Saft
4 Eier
¼ l Milch
1 EL geriebener Pecorinokäse oder Parmesan
1 TL gehackter Majoran
1 gepresste Knoblauchzehe
Salz
Olivenöl extra vergine

Artischocken gibt es in Ligurien während rund sechs Monaten im Jahr, und trotzdem wirken sie nie langweilig. Dieser «Kuchen», der einem Auflauf eigentlich näherkommt, ist ein weiteres Beispiel dafür.

Eine Obstkuchenform gut einölen. Die Kartoffeln schälen, in hauchdünne Scheiben schneiden und ziegelartig auf dem Boden der Form auslegen. Mit ganz wenig Salz und Oregano bestreuen.

Die Artischocken von den zähen Blättern und Spitzen befreien, das Heu herauskratzen. Die Artischocken sehr fein schneiden und mit Zitronensaft einreiben, damit sie nicht braun werden. Auf den Kartoffelscheiben gleichmässig verteilen.

Den Backofen auf 180 Grad vorheizen.

Aus den Eiern, der Milch, dem Käse und den Gewürzen einen Guss herstellen und über die Artischocken giessen. Ein wenig Olivenöl darüberträufeln und im vorgeheizten Ofen rund 40 Minuten backen.

Der kulinarische Tip: Servieren Sie den Kuchen lauwarm als Vorspeise! Auf diese Art kommen die Aromen noch besser zur Geltung.

Büffet mit Artischockenkuchen und verschiedenen «Ripieni».

Fritelle di baccalà
Baccalà-Küchlein

700 g gewässerter Baccalà (gesalzener Klippfisch)
150 g Mehl
1 Msp. Backpulver
100 ml lauwarmes Wasser
3 EL Olivenöl extra vergine
Olivenöl zum Fritieren

Obwohl diese Küchlein zu den uralten Grossmuttergerichten gehören, sind sie in der Levante noch so beliebt, dass bei Luchin, wenn er sie freitags auf die Karte setzt, eine ausgelassene Stimmung herrscht.

Den gewässerten Baccalà häuten, entgräten und in etwa 5 × 5 cm grosse Stücke schneiden.
Aus dem Mehl, dem Backpulver, Wasser und Olivenöl einen cremigen Ausbackteig rühren und diesen eine Weile ruhen lassen.
Die Fischstücke hineintauchen und in siedendheissem Olivenöl goldbraun backen. Auf Haushaltpapier abtropfen lassen und noch knusprig frisch zu einem Glas einfachem Landwein servieren.

Der kulinarische Tip: Das gleiche Rezept gibt es gelegentlich auch mit Stockfisch. Der Teig braucht dann aber etwas Salz.

Sardine al forno
Sardinen aus dem Ofen

4–5 mittelgrosse Kartoffeln
1–2 gepresste Knoblauchzehen
1 EL gehackte Petersilie
1 kg frische, ausgenommene Sardinen, ohne Kopf und Flossen
100 ml Weisswein
100 ml Wasser
50 ml Olivenöl extra vergine
10 Kapern
10 schwarze Oliven
1 Msp. fein gehackter scharfer Peperoncino (Gewürzpaprika)
1–2 gewürfelte Tomaten
Salz

Eigentlich sind diese Sardinen eine Spezialität aus Vernazza in den Cinqueterre, und eigentlich sind sie ein typisches Sommergericht. Doch wenn die Fischer genügend von diesen aromatischen Fischchen an Land bringen, geniesst man sie ganz gern auch im Winter.

Die Kartoffeln schälen, in dünne Scheiben schneiden und ziegelartig in eine eingeölte Auflaufform schichten. Mit Knoblauch, Petersilie und einer Prise Salz bestreuen. Die Sardinen innen und aussen salzen und darauflegen.
Den Backofen auf 180 Grad vorheizen.
Die restlichen Zutaten gut miteinander vermengen und gleichmässig über die Sardinen verteilen. Die Form mit Folie zudecken und im vorgeheizten Ofen rund eine Stunde schmoren.

Sardinen aus dem Ofen

Seppie in umido
Geschmorter Tintenfisch

1 kg Tintenfisch (Sepie), vom Fischhändler ausgenommen und gereinigt
1 kleine Zwiebel
6 EL Olivenöl extra vergine
2 eingesalzene Sardellen (oder Sardellenfilets aus der Dose)
1–2 gepresste Knoblauchzehen
1 Msp. gehackter scharfer Peperoncino (Chili)
1 EL gehackte Petersilie
100 ml Weisswein
2 gewürfelte Tomaten
Salz
nach Bedarf etwas Gemüsebrühe
4–6 mittelgrosse Kartoffeln
getrockneter Oregano

Eintopfgerichte mit Tintenfisch gehören zum Repertoire der levantinischen Volksküche. Den Jahreszeiten entsprechend ändert sich die eine oder andere Zutat: Statt den Kartoffeln gibt es im Frühling zum Beispiel Erbsen oder im Winter Artischocken.

Den Tintenfisch (Sepie) in fingerbreite Streifen schneiden.

Die Zwiebel fein hacken und im Olivenöl anziehen lassen. Die Sardellen hinzufügen, mit dem Kochlöffel etwas zerdrücken und unter die Zwiebel mischen. Knoblauch, Peperoncino und Petersilie dazugeben, mit Weisswein ablöschen und die Tintenfischstreifen untermengen. Die gewürfelten Tomaten hinzufügen, salzen und zugedeckt eine halbe Stunde köcheln lassen. Bei Bedarf ein wenig Gemüsebrühe nachgiessen.

Die Kartoffeln schälen, würfeln und zum Tintenfisch in den Topf geben. Weiterköcheln, bis alles gar ist und kurz vor dem Servieren Oregano daruntermischen.

Der kulinarische Tip: Tintenfisch kann bei zu langem Kochen unangenehm zäh werden. Umgekehrt ist es, wenn Sie den Eintopf mit der grossen Krake (Polpo) zubereiten. Diese braucht das lange Schmoren.

Cima ripiena
Gefüllte Kalbsbrust

600 g Kalbsbrust, vom Metzger zum Füllen aufgeschnitten
1 kleine Zwiebel
1 Knoblauchzehe
2 EL Olivenöl extra vergine
100 g Kalbshirn
100 g Kalbsbries
100 g Kalbsrückenmark
100 g gehacktes Kalbfleisch
1 Msp. zerriebene getrocknete Pilze
3–4 Eier
1 EL gehackter Majoran
½ EL geriebener Parmesan
½ EL Pinienkerne
nach Belieben frische Erbsen
Salz und Pfeffer
ein grosser Topf Gemüsebrühe

«Unsere Cima», so betonen die Levantiner, «ist anders als die von Genua.» Traditionell lassen sie sie vor dem Aufschneiden auskühlen und geniessen sie wie ein Stück kalten Braten zu einem Salat. Für die Bauern der hinteren Talregionen war sie einst ein Festessen, das sie sich für das Picknick an Kirchweih oder eine Hochzeit aufsparten.

Zwiebel und Knoblauch fein hacken und im Olivenöl anziehen lassen. Kalbshirn, -bries und -mark blanchieren, falls nötig häuten und klein würfeln. Mit dem gehackten Kalbfleisch zu den gebräunten Zwiebeln geben, kurz und kräftig anbraten und mit den zerriebenen Pilzen würzen.

In einer Schüssel die Eier mit Majoran und Parmesan verquirlen, die Pinienkerne und nach Belieben frische Erbsen daruntermengen. Mit Salz sowie etwas Pfeffer abschmecken und mit den anderen Zutaten vermischen. Die Masse in die Tasche der Kalbsbrust füllen und diese mit Küchenfaden zunähen.

Die Gemüsebrühe zum Sieden bringen, die gefüllte Kalbsbrust hineingeben und rund 2 Stunden leise köcheln lassen. Herausnehmen, zwischen zwei Teller legen und den oberen beschweren, damit die Füllung der Kalbsbrust kompakt bleibt. Ausgekühlt in Scheiben schneiden und mit einem Salat servieren.

Der kulinarische Tip: Füllen Sie die Kalbsbrust nicht zu satt! Sonst riskieren Sie, dass diese beim Kochen zu sehr aufquillt und die Nähte platzen.

Gefüllte Kalbsbrust

Salsiccia con fagioli
Schweinswurst mit Bohnen

400 g grosse weisse Bohnen (Lima- oder Soissonsbohnen)
10 g getrocknete Pilze
1 Zwiebel
3 Stengel Petersilie
2 EL Olivenöl extra vergine
1 TL Tomatenpüree
2–3 Mangoldblätter
Salz
4–6 Schweinskochwürste

Bei Luchin machte man die Würste lange selber. Das war, als die Osteria noch ein paar eigene Schweine fütterte – so, wie es bei Wirtschaften eben einmal üblich war. Nun sind die gesetzlichen Bestimmungen strenger geworden, und die Würste liefern heute ein Metzger und die Bauern aus dem Avetotal.

Die Bohnen über Nacht in Wasser einweichen. Abgiessen und rund eine Stunde garen.

Die getrockneten Pilze einweichen. Die Zwiebel und die Petersilie fein hacken, im Olivenöl anziehen lassen, das Tomatenpüree und schliesslich die Pilze mitdünsten. Die Mangoldblätter in Streifen schneiden, untermengen und mit etwas Kochwasser von den Bohnen ablöschen. Köcheln lassen, bis alle Flüssigkeit verdampft ist, dann zu den Bohnen in den Topf geben und das Ganze noch eine Stunde weitergaren.

Die Würste blanchieren, auf die Bohnen legen und mitkochen, bis sie durch sind.

Costine di maiale al forno
Im Ofen gebratene Schweinerippchen mit Kartoffeln

Für 6 Personen

2 kg fleischige Schweinerippchen
1 kg Kartoffeln
6 Knoblauchzehen
1 Zweig Rosmarin
4 Lorbeerblätter
6 Salbeiblätter
1 Handvoll schwarze Oliven
Salz
Pfeffer aus der Mühle
100 ml Weisswein
2 EL Wasser
2 EL Olivenöl

Schweinerippchen aus dem Ofen sind eine Spezialität des levantinischen Hinterlandes. In Gegenden, wo die Olivenbäume spärlich werden, brutzeln sie die Bauern im Fett oder schmoren sie mit Schwarzkohl zu einem herzhaften Eintopf. Bei Luchin duftet das Fleisch nach den Kräutern der Riviera.

Den Backofen auf 210 Grad vorheizen.

Die Schweinerippchen in ein eingeöltes Bratgeschirr legen. Die Kartoffeln schälen, vierteln und zwischen die Rippchen legen. Die geschälten Knoblauchzehen, die Kräuter und Oliven darüberstreuen, ein wenig in die Zwischenräume drücken. Salzen und pfeffern, den Weisswein mit Wasser und Öl vermischen und darübergiessen.

Mit Folie zudecken und im vorgeheizten Ofen rund eine halbe Stunde braten. Die Folie entfernen und die Schweinerippchen ¾ Stunden weiterbraten. Von Zeit zu Zeit mit dem Bratensaft begiessen.

Im Ofen gebratene Schweinerippchen mit Kartoffeln

Mit leicht verrutschter Schminke, aber immer La Superba

Genua ist nicht so streng wie Turin, nicht so dekadent wie Venedig oder so monumental wie Florenz. Genua ist einfach Genua. «La Superba», die Prächtige, wurde sie im Mittelalter genannt, ihres traumhaften Anblicks mit den blühenden Hängegärten, den Kirchen und Kastellen und ihrer mehrstöckigen farbigen Häuser wegen, wie es sie damals sonst in keiner anderen Stadt gab, auch in Venedig nicht, der Rivalin Genuas, die sich als «la Serenissima» besingen liess. Hochhäuser hat es heute in der Hauptstadt Liguriens genug; sie drücken sich die Hänge des Polceveratals hinauf, verdrängen die Villen der Küstenvororte, und wo sie sich mit Autobahnbrücken und Industrieanlagen vereinen, ergeben sie ein Bild von gesammelter Hässlichkeit.

So gesehen, wirkt «La Superba» heruntergekommen, wenn auch nur soviel, dass, wer Städte mag, sie wieder liebt. Man muss sie sich erobern, sich Zeit nehmen, um in das Gassengewirr der Altstadt einzutauchen. Hier, zwischen der Piazza de Ferrari und dem alten Hafen, haben die Schrubb- und Restaurierungsarbeiten, die Genua aus Anlass der Amerikafeiern 1992 vorantrieb, noch nichts beschönigt. Bei Regen glänzt das Kopfsteinpflaster so dunkel wie die Fassaden der Häuserschluchten. Bei Sonnenschein blaut der Himmel in weit entfernten Streifchen. Winzige Kaufläden, vollgepackt mit Mehl- und Bohnensäcken, Obstkisten, Stapeln aus Konservendosen, wechseln sich ab mit Handwerksstätten – Sattler, Tischler, Buchbinder –, in engsten Schuhschachteln auch sie. Hier eine Pasticceria, ein Metzger, ein Kuttelkocher. Spielende Kinder und Wäscheleinen bekunden, dass die Szenerie belebt ist.

Wieder an der Piazza de Ferrari, zeigt sich Genua von der superben Seite. Hier münden die Schlender- und Einkaufsstrassen zusammen, und bis zum

Genua war – und ist – vor allem eine Hafenstadt. Dadurch wurde sie einst zur mächtigsten Republik, die den Handel im Mittelmeer kontrollierte.

Der bedeutendste Sakralbau Genuas, die Kathedrale San Lorenzo, dominiert die Piazza gleichen Namens. Als romanische Basilika errichtet, wurde sie nach einem Brand im 14. Jahrhundert gotisch umgestaltet und im Laufe der Zeit noch etliche Male verändert.

Mit leicht verrutschter Schminke, aber immer La Superba

Prunkstück der Stadt, der Via Garibaldi, sind es nur wenige Schritte. Diese Triumphstrasse des Genueser Adels entstand Ende des 16. Jahrhunderts, just als «La Superba» zur reichsten Stadt Europas wurde. Nach der türkischen Eroberung Konstantinopels 1453 hatte sie ihren Orienthandel zwar verloren, doch flugs neue Macht als Geldgeberin gefunden. Kredite brauchte zum Beispiel Spanien, welches die Neue Welt schliesslich nach Strich und Faden ausbeuten sollte. Die Palazzi der Via Garibaldi demonstrieren den Wohlstand der Besitzer durch ihre grossartigen Freitreppen, die mit Stuckfiguren verzierten Strassenfronten, Galerien und Innenhöfe. Die Namen, die sich hier aneinanderreihen, wie etwa die der Spinola, Doria, Adorno oder Grimaldi, lesen sich auch als Reiseführer durch die ligurische Geschichte: Am markantesten wirkte Andrea Doria, der sich wie seine Vorväter den Ruhm auf dem Meer holte und für Genuas Ruhm oder Schmach oft den Joker spielte.

Für einen distanzierteren Blick von oben nehmen die Genuesen heute die Drahtseilbahn. Weil die Stadt in einem weiten Bogen um den Hafen angelegt ist, zeigt sie sich eigentlich immer nur von der besten Seite. Eindruck machen die Mauergürtel mit Basteien und Kastellen, die sich wie die Wachstumsringe eines Baumes lesen lassen. Seit der Vertreibung der Sarazenen um die Jahrtausendwende, an der sich auch Albenga, Noli und Ventimiglia beteiligten, entwickelte sich Genua zur gefürchteten Handelsmacht, deren Verbindungen im 13. Jahrhundert von Nordeuropa bis nach Südrussland reichten. Durch ihre Teilnahme an den Kreuzzügen besass sie die griechischen Inseln Chios, Lesbos und Samos, dazu Kolonien und Niederlassungen im ganzen Mittelmeerraum. Aber die genuesischen Adelsfamilien rivalisierten untereinander und schwächten mit

Die Via Garibaldi ist die Prunkstrasse Genuas. Die Palazzi des Genueser Adels demonstrieren mit ihren grossartigen Freitreppen, Galerien und Innenhöfen den Wohlstand ihrer Besitzer.

Für Genua muss man sich Zeit nehmen, um in das Gassengewirr der Altstadt einzutauchen.

ihren ewigen Fehden den Stadtverband. Dies führte schliesslich 1381 zur Niederlage im «Hundertjährigen Krieg» mit Venedig, auch Chioggiakrieg genannt, und schliesslich zur politischen Abhängigkeit von sich abwechselnden Aussenmächten. Dass in Genua 1407 die erste öffentliche Bank Europas, die Banco di San Giorgio, gegründet wurde, ist eine andere Besonderheit dieser Stadt. (Dass in den Prunkpalästen der Via Garibaldi heute ein paar Banken residieren, rundet das Bild vielleicht ab.)

Die hässlichste Investition der Stadt ist die Hochstrasse am Hafen, die *sopraelevata*. Die Architekten mochten an die Achterbahnen von Vergnügungsparks gedacht haben, kühn, aber zum Glück sieht man sie von der Righi, dem höchsten Aussichtspunkt, aus nicht. Am Ponte dei Mille blenden schneeweiss die Luxusdampfer. Bis in die sechziger Jahre legten an diesem Quai noch die Schiffe aus Venezuela, Buenos Aires und anderen amerikanischen Häfen an. An Christoph Kolumbus, der 1492 mit spanischem Geld gen «Indien» segelte und den die Stadt nun so begierig als teuersten Sohn hervorstreicht, erinnert namentlich der Flughafen, von dem aus sich der Atlantik heute auch leichter überquert. Dennoch wäre es kurzsichtig, würde man Genua als Stadt der Pfeffersäcke apostrophieren. «La Superba» war – und ist – vor allem eine Hafenstadt und als solche ein Schmelztiegel verschiedenster Kulturen. Auf diese Art hat sie sich auch im letzten Jahrhundert an der Bewegung für ein geeintes Italien, dem Risorgimento, beteiligt: Giuseppe Mazzini, der Anstifter dieser Revolution, wurde hier geboren; Giuseppe Garibaldi formierte hier seinen «Zug der Tausend», mit dem er die Geschichte beschleunigte.

Mit der «Farinata» meldet sich der Winter

An der Côte d'Azur heisst sie «Zocca», in der Toskana «Cecina», aber nirgendwo sonst erlebt sie diese zärtliche Anhänglichkeit wie an der Riviera, wo man sie schlicht «Farinata» nennt. In aller Bescheidenheit handelt es sich ja auch nur um einen auf Kupferblechen gebackenen Fladen, bestehend aus Kichererbsenmehl, Wasser und Olivenöl. Und was schliesslich könnte Liguriens Seele besser zum Ausdruck bringen als diese Genügsamkeit? Natürlich gibt es von Provinz zu Provinz subtile Unterschiede, die zu den üblichen Auseinandersetzungen führen, was nun «richtig» sei und was nicht. In der Nähe zur französischen Grenze streut man auf das Blech erst feingeschnittene Frühlingszwiebelchen (siehe Seite 96), im hinteren Imperiatal sind es Fenchelsamen, in Savona Rosmarinnadeln, während Genua und die Levante ihre «Farinata» ganz einfach pur, allenfalls mit einer Prise frisch gemahlenem Pfeffer, geniessen. Früher gab es überall an der Riviera, insbesondere in Genua, die typischen «Farinata»-Lokale, die sogenannten Farinotti. Im Sommer waren sie geschlossen, im Winter hingegen hatten sie Hochbetrieb. Heute sind sie ziemlich rar geworden: Denn wer will schon den ganzen Tag am offenen Kaminfeuer stehen, Holz einschichten, glühendheisse und schwere Backbleche herumschleppen? Schlaumeier mit modernen elektrischen Warmhalteöfen haben zwar die «Farinata» als nostalgisches Fast food entdeckt und verkaufen sie – nebst müden Pizza- und «Focaccia»-Schnitten – als fetttriefenden Imbiss an Bahnhöfen oder sogar am Strand. Dazu gibt es nur eine Empfehlung: Finger weg!

Scharf bewehrte Delikatesse

Nichts gegen Basilikum und Tomaten oder all die von der Sonne gestreichelten Sommergemüse! Aber damit den ligurischen Köchinnen das Herz höher schlägt, braucht es die Artischocke. Deren Saison beginnt im Spätherbst und erstreckt sich über den ganzen Winter bis in den Frühling. Das ligurische Distelgemüse wirkt vom Aussehen her viel archaischer als die rundköpfigen Verwandten aus anderen Regionen. Jede Blattspitze ist mit wunderschönen, orangefarbenen, aber unglaublich scharfen Dornen, eigentlichen Krallen, bewehrt. Wer beim Rüsten nicht aufpasst, vergiesst schmerzlich Blutstropfen. Darunter jedoch liegt ein köstlich zartes Herz, von dem sich alternde Männer eine potentielle Wirkung und sonstigen Saft erhoffen.

Die «Spinosi», die dornigen Artischocken, kommen bei den ligurischen Gemüsehändlern nur frisch geerntet und stets mit dem Stiel und den Blättern auf den Markt. Diese sind natürlich nicht für den Kompost, sondern als schmackhaftes Mitgemüse gedacht. Die Kundschaft zieht im allgemeinen die kleineren Exemplare zum Rohessen wie bei dem auf der folgenden Seite beschriebenen Salat oder zum Kurzbraten und Blanchieren wie in den Rezepten auf Seite 93, 98, 101 und 126 vor. Die bereits grösseren Artischocken eignen sich besser zum Schmoren oder für Aufläufe und Kuchen. Das sogenannte Heu muss man dann unbedingt entfernen. Erfahrene Geniesser sagen zudem, dass Artischocken erst richtig zart werden, wenn sie ein paar kühle Nächte erlitten haben.

Insalata di carciofi crudi e grano
Artischockensalat mit gehobeltem Parmesan

4 kleinere, möglichst frisch geerntete Artischocken
1 Zitrone, Saft
Salz
Pfeffer aus der Mühle
1 Orange, Saft
4 EL Olivenöl extra vergine
150 g Parmesan

Die Artischocken von den harten Blättern und stacheligen Spitzen befreien. Die Ränder und Schnittstellen sofort mit Zitronensaft einreiben, damit sie nicht braun werden. Die Herzen der Länge nach in möglichst dünne Scheibchen schneiden und auch diese sofort mit Zitronensaft einreiben. Auf vier Teller verteilen, nur ganz wenig salzen und pfeffern, Orangensaft und schliesslich Olivenöl darüberträufeln. Grosszügig mit Parmesanlocken garniert servieren.

Das milde Winterklima ist mit ein Grund für den legendären Ruhm der «Riviera». Die Regenschirme werden w gelegentlich nass, doch unvergessen sind die warmen, faulen Tage auf de Steinmäuerchen o am Strand mit der Zuversicht auf ein baldiges Eintreffen des Frühlings.

Das Salz charakterisiert den ligurischen Wein

Reflexionen zu einem önologischen Thema von Pino Sola

«Vor zwanzig Jahren hatte der ligurische Wein allenfalls lokale Bedeutung. Heute gehört er auf die Karte eines jeden Restaurants oder Hotels an der Riviera, das etwas auf sich hält. Man muss eben begreifen, dass Ligurien kein ideales Weinland ist. Es verfügt zwar über ein äusserst günstiges Mikroklima, doch die Anbaubedingungen sind extrem hart. Einen weiteren grossen Einfluss spielt das Meer. Es imprägniert die Reben mit Salz, Jod und anderen Mineralstoffen, und das merkt man dem Wein an. Es ist vor allem das Salz, das die ligurischen Weine kennzeichnet. Dieses gibt ihnen einen herausragenden Charakter, ja, ich würde sagen ‹ein Gesicht›. Nehmen wir als Beispiel die Trebbianotraube, insbesondere die Trebbiano Toscano. Diese Weissweinrebe wird in Italien vom Gardasee bis hinunter nach Sizilien angebaut. Nur selten mehr bringt sie etwas Besonderes hervor und spielt ihre Rolle meistens in einem Verschnitt. In der Toskana nützt man ihre Eigenschaft sogar negativ und pflanzt sie in Massen. Der daraus gekelterte Wein wirkt dort denn auch entsprechend schlaff und müde. Doch siehe da, in Ligurien zeigt er ein überraschendes Gesicht; man trinkt ihn wieder gern. Und warum? Weil ihm die salzige Note guttut.

Das salzige Merkmal trifft auch auf den Rotwein zu. Wenn der Rossese di Dolceacqua sich heute in Umbruchschwierigkeiten befindet, hat das nichts mit der Rebe zu tun – ausser, dass sie hohe Ansprüche stellt. Das Nerviatal und seine Seitentäler, wo dieser Wein angebaut wird, sind extrem steil. So steil, dass man Terrassen anlegen muss, um darauf etwas pflanzen zu können. Der Mensch aber will keine Steine mehr aufeinanderschichten. Er hat genug von dieser mühseligen Arbeit. Als Konsequenz davon beginnen heute die Hänge wieder zu veröden. Die Ortschaften in diesen Tälern sind extrem von der Abwanderung betroffen. Und das in einer Gegend, die nie stark bevölkert war. Die gegenwärtige Ausgangslage ist also, was den Rossese angeht, höchst ungünstig.

Eigentlich ist es eine Tragödie, denn dieser kleine Wein hat grosse Eigenschaften. Nehmen wir als Beispiel Mandino Cane. Sein Rossese zeigt viel Frucht, eine wunderbare Geschmeidigkeit und gute Struktur – mit einem Unterton von Salz und Mineralien. Der Geruch nach Waldboden und Beeren verrät ihn als typischen Rossese, und auch im Gaumen spürt man sofort Holunder, wilde Kirschen, Brombeeren. Es ist ein guter Wein mit viel Charakter. Aber das Ergebnis kommt nur zustande, weil Mandino Cane ihn an unmöglicher Lage anbaut. Paradoxerweise muss der Mann, will er überleben, daneben noch Olivenöl produzieren. Vom Wein allein würde er verhungern. Ähnlich ergeht es vielen andern Winzern. Und das sind die Probleme. Langsam, aber sicher kehren die Menschen ihrer harten Existenz den Rücken.»

Pino Sola
(siehe Seite 122)

Wo das Meer die Reben besprüht

Die Levante ist ältestes Weinland. Bevor die Römer das Gebiet um La Spezia besiedelten, sollen hier schon die Etrusker die ersten Reben gepflanzt haben. Dass die Kulturlandschaft der Lunigiana heute die produktivste Weinzone Liguriens ist, wirkt möglicherweise wie eine Laune der Geschichte. Erst seit 1989 sind die «Colli di Luni» im unteren Magratal und am Golf von La Spezia eine der fünf anerkannten ligurischen DOC-Zonen. Nicht zuletzt dank ihrer günstigen Lage vermochten sie ihren Anbau an Rot- und Weisswein (Colli di Luni bianco und Colli di Luni rosso) sowie an sortenreinem Vermentino mehr als zu verdoppeln. Dies ist ein Trend, wie er gegensätzlicher nicht sein könnte, wenn man ihn mit den Cinqueterre, dem legendärsten Weinberg der Levante, vergleicht.

«Weinberge, von der wohlwollenden Sonne beschienen», besang Petrarca den jäh ins Meer abfallenden Küstenabschnitt, der die fünf Ortschaften – Monterosso al Mare, Vernazza, Corniglia, Manarola und Riomaggiore oder ganz einfach die Cinqueterre – umschliesst. Bis zu Beginn dieses Jahrhunderts überzogen die Reben diese Hänge vom Meer bis zu den Kuppen, obwohl ihr Anbau die schwerste Plackerei bedingte. Die erste Krise meldete sich 1922, als die Reblaus praktisch alles zerstört hatte und viele Familien auswanderten. Nach dem Zweiten Weltkrieg setzte sich die Entvölkerung der Gebiete fort, und der Weinbau wurde – zugunsten des Fremdenverkehrs – sukzessive aufgegeben. Der Trend ist bis heute ungebrochen und betrifft natürlich den gesamten Landbau der Cinqueterre, wie unter anderem auch die Oliven- und Zitruskulturen, nicht zuletzt die geliebte Landschaft der Wanderer, die ohne die Bruchsteinmauern der alten Bauern ins Meer zu rutschen droht.

Der Wein, der Petrarca zum Singen verführte, war aus anderem Stoff als ihn die Cinqueterre heute produzieren. Bis zur Reblauskatastrophe pflanzten die

Manarola ist eine der fünf Ortschaften – der «cinque terre».

Die Cinqueterre mit ihrer steil abfallenden Küste war einst für ihre Rebberge berühmt. Hänge wie dieser sind selten geworden.

Winzer auf ihren vom Meer besprühten Terrassen weniger ertragreiche, dafür aber in Übereinstimmung mit der kühnen Lage charaktervollere Traubensorten an. Eine von ihnen war die Vernaccia, eine andere die verschwundene Roccese, die den mühsamen niedrigen Wuchs durch einen konzentrierten Zuckeranteil ihrer Beeren wettmachte. Den Schilderungen alter Winzer zufolge glich der legendäre Cinqueterrewein am ehesten dem Sciacchetrà, einer süssen, bernsteinfarbenen Beerenauslese. Weil man den rosinierten Tröpfchen auch eine kräftigende Wirkung nachsagte, bildeten sie lange ein beliebtes Stärkungsmittel für Kranke und Wöchnerinnen. Neugeborene wurden sogar darin gebadet, damit sie sich gesund entwickelten.

Heute ist der echte Sciacchetrà ein Luxus geworden. Allein für die wiederholte, selektive Lese nur der schönsten, vollreifen Beeren fehlt es den Winzern an Arbeitshänden. Aus denselben Trauben – Bosco, Vermentino und Albarola – keltern sie mehrheitlich einen leichten, trockenen Weisswein, der möglicherweise unter dem Problem leidet, dass er als Feriensouvenir eh gut wegkommt. Nur in besonderen Fällen hat er Körper und Duft und im Abgang diesen unverkennbaren salzigen Charakter. Eine Pionierrolle zum Schutz der Cinqueterreweine spielte die Genossenschaft von Groppo über Riomaggiore, die Cooperativa Agricola di Cinqueterre. Diese wurde zu Beginn der achtziger Jahre gegründet und erlebt bis heute einen gleichbleibenden Ruf von seriöser Qualität. Was auch die Cooperativa nicht aufhalten kann, ist der stetige Rückgang ihrer Mitglieder, das Schwinden der Rebenlandschaft, oder wie es ein Bauer ausdrückte: «Die Jungen wollen hier nicht mehr leben.»

Süsse Küsse von der Riviera

Gabriele D'Annunzio – «Tutto al mondo è vano» –, Eleonora Duse und Beniamino Gigli sollen für die Baci di Alassio eine grosse Schwäche gehabt haben. Das Haselnuss-Schokoladegebäck mit der dunklen, schmelzenden Füllung weckt heute Riviera-Nostalgie und zählt zu den beliebtesten Souvenirs. Untrennbar mit den «Baci» verbunden ist der Name Balzola, den zwei Pasticcerien tragen, die eine in Alassio, die andere in San Remo. Sie gehörten zwei Brüdern, von denen jeder den andern übertreffen wollte. Die delikaten «Küsse» – wörtlich für «Baci» – wurden in ebenso verführerische Schachteln verpackt und zur Sicherheit vor Fälschungen versiegelt. Alles war natürlich Handarbeit, so wie jede Pasticceria mit einem Überraschungskitzel aufwartete: In San Remo waren es die kandierten Veilchen, die man zum Gebäck in die Schachteln legte, sozusagen als duftender Gruss von der Blumenriviera.

Das eigentliche Paradies für Schleckmäuler ist Genua. Trotz der allgemeinen Rationalisierung bei Konditoren und Zuckerbäckern gibt es noch immer viele In-Adressen (Seite 151–152) für kandierte Früchte, Fruchtbonbons und -gelees, süsse Ravioli – sowohl aus Marzipan wie auch als Krapfen – und verschiedenes traditionelles Gebäck. Die grosse Spezialität von Genua ist das «Pandolce» (Seite 127), das flache Pendant zum aufgeblasenen Panettone der Mailänder. Für die Genuesen bedeutet dieser Kuchen das Weihnachtsgebäck schlechthin. Jede Familie hat dafür ein Rezept und backt vor dem Fest genügende Mengen, um auch Freunde und Bekannte zu beschenken. Nach altem Brauch wird er mit grünem Lorbeer geschmückt, und es ist immer das jüngste Familienmitglied, das ihn anschneidet.

Andere sehr typische Gebäcke sind die «Bugie» oder «Crustoli» (Seite 59). Um den Karneval duftet es aus den Pasticcerien nach diesen luftigen Teigkrapfen. Auch San Giuseppe feiert im März nach altem Sprichwort «a San Giôeppe, se ti peu, impi a poela de frisceu», was grob übersetzt bedeutet, dass keine

Ligurien ist ein Paradies für Schleckmäuler: Berühmt sind die Baci, welche die Brüder Balzola von Alassio und San Remo mit kandierten Veilchen parfümierten. In Genua hat das Zuckerwerk eine grosse Tradition.

anderen Küchlein so gut schmecken. Von einfacherer Art sind die «Biscotti» – wörtlich Zwieback. Ihre Zubereitung bleibt sich fast immer gleich: In gezuckerte Brotstangen werden vor dem Backen tiefe Schnitte gemacht. Danach schneidet man «das Brot» in Scheiben und backt diese ein zweites Mal. Erst bei den Gewürzen zeigen sich die spielerischen Varianten, wie etwa mit Mandeln oder mit Fenchelsamen. Es ist kein raffiniertes Backwerk, aber weil es nicht so süss schmeckt, geniesst man es auch gern zu einem Glas Wein. Ähnlich wie die «Cantucci» der Toskana.

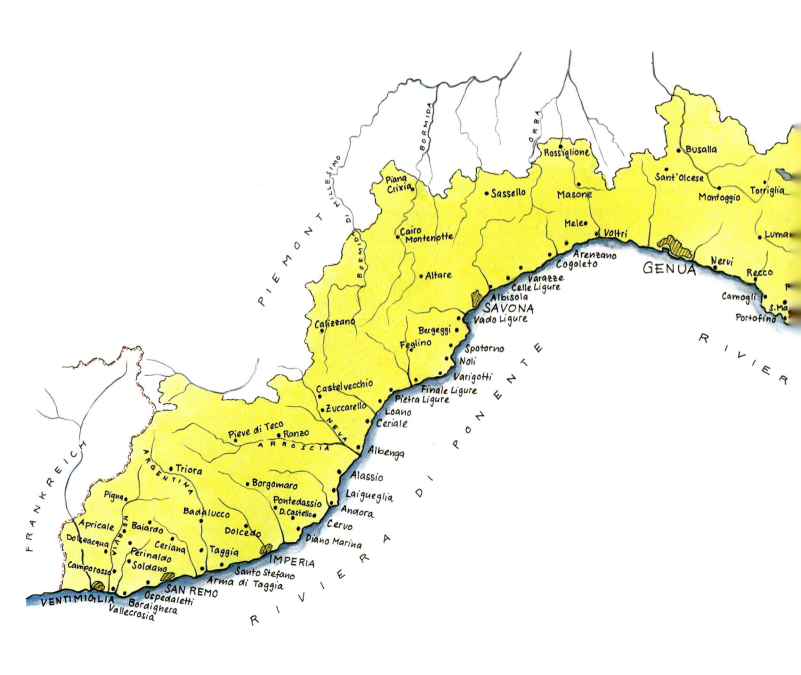

Adressen

Die Gasthäuser, die Ihnen auf den vorangehenden Seiten Appetit gemacht haben, vermitteln bereits einen Eindruck über die breite Vielfalt von Ristoranti, Trattorien und Osterien. Weil es schwierig ist, sich unter unbekannten Adressen etwas vorzustellen, haben wir sie auch auf der folgenden Liste in die drei landläufigen Kategorien unterteilt. Im allgemeinen bieten die Trattorien und Osterien eine eher einfache Küche, wobei «einfach» nicht «weniger gut» meint. Ristoranti dagegen haben *simplemente* eine grössere Auswahl an Speisen, Weinen und Schnäpsen, eine geschriebene Speisekarte und feineres Geschirr. Ihr Preis-Leistungs-Verhältnis ist aber viel ausgewogener, als dies zum Beispiel bei uns der Fall ist. Restaurantpreise bewegen sich durchschnittlich um die 80000 Lire pro Person und Essen (ohne Getränke). Adressen, bei denen Sie mit mehr rechnen müssen, haben wir mit einem 🦞 gekennzeichnet: Frischer ligurischer Fisch und Meeresfrüchte sind nie billig! Mit einem 🛏 haben wir die solche Restaurants versehen, die zugleich einem Hotel angeschlossen sind oder ein paar Gästezimmer haben. Am besten ist es immer, wenn Sie sich einen Tisch reservieren, sich dabei nach Einzelheiten, die Ihnen wichtig scheinen, zu erkundigen. Dazu gehört auch manchmal die Wegbeschreibung; vor allem, wenn das Gasthaus etwas ausserhalb liegt.

Möglichkeiten zum leichten Schnabulieren bieten übrigens viele Vinotheken; wir haben sie auf unserer Liste mit einem 🍴 markiert. Was sie anbieten, variiert von «nur» Kaltem (Wurstwaren, Käse, Sott'Olio-Produkten) bis zu warmen Tellergerichten. Uns scheinen sie eine sehr angenehme Alternative, wenn man mittags ausgiebig gespeist hat und den Abend mit Degustieren oder einer besonderen Flasche Wein ausklingen lassen möchte. Erkundigen Sie sich vorher zur Sicherheit über die jeweiligen Öffnungszeiten. Zu telefonischer Anmeldung raten wir übrigens auch bei Besuchen auf den Weingütern oder in den Ölmühlen.

Was schliesslich die Wahl eines Hotels betrifft: Erwarten Sie im Hinterland keine Minibar im Zimmer, keinen Golfplatz unter Olivenbäumen! An der Küste logieren Sie manchmal luxuriös, dafür eingezwängt zwischen der vielbefahrenen Via Aurelia und der Eisenbahnlinie Genova–La Spezia. Unsere Vorschläge veranstalten nur selten Purzelbäume, enthalten dafür ein paar Häuser mit viel Charme.

Restaurants, Trattorien, Osterien

 Restaurants, bei denen Sie mit über 80000 Lire pro Person (ohne Getränke und evtl. Coperto) rechnen müssen
Restaurants mit Hotel oder Übernachtungsmöglichkeit
Vinotheken mit kalter, z. T. auch warmer Küche

Ponente

Albisola Superiore (SV)
Trattoria Del Mulino
Frazione Ellera
Tel. 019/49043

Altara (SV)
Ristorante Quintilio
Via Gramsci 23
Tel. 019/58000

Andora (SV)
Ristorante La Casa del Priore
Via Castello 34
Tel. 0182/87330

Apricale (IM)
Trattoria La Favorita
Regione Richelmo
Tel. 084/208186

Arma di Taggia (IM)
Ristorante La Conchiglia
Via Lungomare 35
Tel. 0184/43169

Badalucco (IM)
Trattoria Canon d'oro
Via G.B. Boeri 32
Tel. 0184/408006

Badalucco (IM)
Trattoria Vecchio Frantoio
Strada Prov. Badalucco
Tel. 0184/408024

Bergeggi (SV)
Ristorante Claudio
Via XXV Aprile 37
Tel. 019/859750

Bordighera (IM)
Ristorante La Via Romana
Via Romana 57
Tel. 0184/266681

Bordighera (IM)
Trattoria Magiargé
Centro Storico
Tel. 0184/262946

Borgio Verezzi (SV)
Trattoria Da Casetta
Piazza San Pietro 12
Tel. 019/610166

Calizzano (SV)
Trattoria Msé Tutta
Via Garibaldi 8
Tel. 019/79647

Castel Vittorio (IM)
Osteria del Portico
Via Umberto I, 6
Tel. 0184/241352

Cervo (IM)
Ristorante San Giorgo
Via Volta 19
Tel. 0183/400175

Dolceacqua (IM)
Trattoria Gastrone
Piazza Garibaldi 2
Tel. 084/206577

Feglino (SV)
Trattoria Il portico
Via San Rocco 22
Tel. 019/699207

Imperia-Porto Maurizio (IM)
Ristorante Lanterna Blù
Via Scarincio 32
Tel. 0183/650178

Imperia-Porto Maurizio (IM)
Trattoria La Ruota
Via Largo Varese 25
Tel. 0183/61206

Pigna (IM)
Ristorante dell'hotel Terme
Via Madonna Assunta
Tel. 084/241046

Ranzo (IM)
Trattoria Il Gallo della Checca
Località Ponterotto 31bis
Tel. 0183/318197

San Remo (IM)
Ristorante Paolo e Barbara
Via Roma 47
Tel. 084/531653

San Remo (IM)
Trattoria Nuovo piccolo mondo
Via Piave 7
Tel. 0184/509012

Varigotti (SV)
Ristorante Muraglia-Conchiglia d'Oro
Via Aurelia 133
Tel. 019/698015

Ventimiglia (IM)
Ristorante Baia Beniamin
Frazione Grimaldi,
Corso Europa 63
Tel. 0184/38002

Ventimiglia (IM)
Ristorante Balzi Rossi
Frazione Grimaldi,
Piazzale De Gasperi 11
Tel. 0184/38132

Zuccarello (SV)
Ristorante La Cittadella
Via Tornatore 139
Tel. 082/79056

Genua und Levante

Ameglia (SP)
Trattoria Dai Pironcelli
Località Montemarcello
Via delle Mura 45
Tel. 087/601252

Castelnuovo Magra (SP)
Trattoria Da Armanda
Piazza Garibaldi 6
Tel. 087/674410

Chiavari (GE)
Osteria Luchin
Via Bighetti 51/53
Tel. 0185/301063

Corniglia (SP)
Osteria A cantina de Mananan
Via Fieschi 117
Tel. 087/821166

Framura (SP)
Ristorante dell'albergo Lido
Località Fornaci
Tel. 0157/815997

Genova
Ristorante Cucina e Vino Sola
Via Barabino 120r
Tel. 010/594513

Genova
Ristorante Bruxaboschi
Località S. Desiderio
Via Mignone 8
Tel. 010/3450302

Leivi (GE)
Ristorante Ca'Peo
Via dei Caduti 80
Tel. 0185/319696

Né (GE)
Trattoria Garibaldi
Località Caminata
Tel. 0185/337062

Né (GE)
Trattoria La Brinca
Campo di Né
Tel. 0185/337480

Ortonovo (SP)
Trattoria Cervia
Piazza della Chiesa 20
Tel. 0187/660491

Rapallo (GE)
Trattoria U Giancu
Via San Massimo 78
Tel. 0185/260505

San Rocco (GE)
Trattoria della Nonna Nina
Via F. Molfino 126
Tel. 0185/16030

Santa Margherita Ligure (GE)
Trattoria Mela Secca
Via Tre Scalini 30a
Tel. 0185/281491

Sesta Godano (SP)
Ristorante La Taverna dei Golosi
Via Giù di Fora 13, Cornice
Tel. 087/897065

Sestri Levante (GE)
Ristorante Il polpo Mario
Via XXV Aprile 163
Tel. 0185/480203

Hotels

Ponente

Alassio (SV)
Enrico, Via Dante 368
Tel. 0182/640000

Bergeggi (SV)
Claudio, Via XXV Aprile 37
Tel. 019/859750

Bordighera (IM)
Bel Sit, Via dei Colli 120
Tel. 0184/264114

Bordighera (IM)
Michelin, Via 1°Maggio 29
Tel. 0184/266218

Borghetto S. Spirito
Majestic, Piazza Libertà 10
Tel. 0182/970495/4

Imperia-Porto Maurizio (IM)
Corallo, Corso Garibaldi 29
Tel. 0183/666264

Ospedaletti (IM)
Floreal,
Corso Regina Margherita 83
Tel. 0184/689638/9

Pietra Ligure (SV)
Royal, Via D.G. Bado 129
Tel. 019/616192

Pieve di Teco (IM)
Albergo dell'Angelo,
Piazza Carenzi
Tel. 0183/36240

Pigna (IM)
Terme, Località Terme Madonna
Tel. 0184/241046

Levante

Bonassola (SP)
Belvedere,
Via Ammiraglio Serra 15
Tel. 0187/813622

Camogli (GE)
Casmona, Salita Pineto 13
Tel. 0185/770015

Chiavari (GE)
Villadoro (Bed & Breakfast),
Via Aurelia 4
Tel. 0185/363315

Chiavari (GE)
Dell'Orto, Pazza N.S. dell'Orto 3
Tel. 0185/322356

La Spezia
Genova, Via Flli Rosselli 84
Tel. 0187/30372

Moneglia (GE)
Piccolo, Corso Libero Longhi 19
Tel. 0185/490432

Rapallo (GE)
Grande Italia e Lido,
Via Montebello 2
Tel. 0185/50492/3

Recco (GE)
Elena, Corso Garibaldi 5
Tel. 0185/74022

Rezzoaglio (GE)
Lago delle Lame,
Via al lago delle Lame
Tel. 0185/870036

Sestri Levante (GE)
Helvetia, Via Cappuccini 43
Tel. 0185/41175

Sestri Levante (GE)
Due Mari, Vico Coro 18
Tel. 0185/42695/6/7

Einkaufen

Ponente

Albenga (SV)
Alimentari Concetta Capitano
(Salami, Käse u. a. Spezialitäten
des Hinterlandes),
Via Medaglie d'oro 6;
Antico Frantoio Sommariva
(alte Ölmühle zum Besichtigen
und Olivenprodukte zum Kaufen),
Via Goffredo Mameli 7;
Pasticceria Grana (Baci und
Amarettini), Via Palestro 7;
Libreria San Michele (Grosse
Auswahl an Büchern über
Ligurien), Via Episcopio 1–3

Alassio (SV)
Antica Pasticceria Balzola
(Baci und Amaretti),
Piazza Matteotti 26;
Gelateria Giacomel
(Eisspezialitäten vom Feinsten),
Via Mazzini 67

Arma di Taggia (IM)
Casa Olearia Taggiasca
(Olivenöle und «Sott'olio»-
Produkte), Via Nazionale

Borgio Verezzi (SV)
Pasticceria Artisanale Bruzzo
(Traditionelles Pandolce
genovese), Via Matteotti 23

Diano Marina (IM)
Alimentari Gobbi
(Viele kulinarische Spezialitäten
aus Ligurien),
Corso Roma 71

Finale Ligure (SV)
Azienda Agricola Apiario
Benedettino (Honig und
-produkte aus eigner
Imkerei), Via Santuario 59

Imperia-Oneglia (IM)
Ai due Amici (Focaccia,
Torta verde, Piscialandrea),
Via Monti 30;
Grosser Gemüsemarkt
(jeden Mittwoch- und Samstag-
vormittag), Piazza Doria

Molini di Triora (IM)
La Bottega di Angelamaria
(Käse, Wurstwaren, Schnäpse,
Honig und garantiertes
Einkaufserlebnis),
Piazza Roma 26

Noli (SV)
Panetteria Forno di Maio
(Focaccia, Pizza, gutes Brot),
Via Colombo 33;
Bar Sirito (Eisspezialitäten nach
altem Rezept), Corso Italia 26

Pieve di Teco (IM)
Pasticceria Pignone (Traditionelles
Brot aus Pieve), Via M. Panzoni

San Remo (IM)
Salumeria Crespi di Merlini
(Getrocknete Pilze und Tomaten,
Wurstwaren, Käse),
Via Palazzo 84;
Azienda Artigiana La Contadina
(Ligurische Spezialitäten aus
eigener Produktion),
Via Armea 86;
Laboratori Balzola (Pan Sanremo,
Baci, Amaretti, Torrone),
Via Matteotti 133

Savona
Grosser Fisch- und Gemüsemarkt
(jeden Vormittag), Markthalle am
alten Hafen

Vallecrosia (IM)
Pasticceria Adriana (Traditionelles
Gebäck), Via Aprosio 201

Ventimiglia (IM)
Alsi (Grosse Auswahl an Olivenöl
und «Sott'olio»-Produkten),
Via Murinai 7/A;
Fisch- und Gemüsemarkt
(jeden Vormittag), Markthalle,
Corso Repubblica

Genua und Levante

Camogli (GE)
Pasticceria Revello
(Focaccia, Pizza),
Via Garibaldi 183

Castiglione Chiavarese (GE)
Macelleria Fratelli Perazzo
(Wurstwaren nach alter
Familientradition), Via Canzio 60

Chiavari (GE)
Pastificio Prato (Frische Pasta),
Via Citadella 2;
Grosser Gemüse- und Obstmarkt
(jeden Vormittag), Piazza Mazzini

Genova
Pasticceria Svizzera (Viele
Genueser Spezialitäten),
Via Albaro 9/R;
Pasticceria Villa di Profumo
(Baci genovesi, süsse Ravioli),
Via del Portello 2 rosso;
Pasticceria Romanengo
(Kandierte Veilchen, Marrons
glacés und Geleefrüchte nach
Genueser Tradition),
Corso Buenos Aires 16129;

Pasticceria Cavo (Amaretti di Voltaggio, Pandolce genovese), Via Montevideo 43/c; Libreria Feltrinelli (Grosse Auswahl an Büchern über Ligurien), Via XX Settembre

La Spezia
Liquoreria Mediterranea (Liköre und Angesetzte aus eigener Produktion), Via Roma 203

Levanto (SP)
Pasticceria Vottero (Biscotti del Lagaggio, eine Art Zwieback mit Fenchelsamen)

Recco (GE)
Ristorante da Vittorio (auch eine Augenweide für Eingemachtes, frische Pasta, Ripieni u. a.), Via Roma 170

Sestri Levante (GE)
Pescheria Beppe (eingesalzene Sardellen, Stockfisch und Baccalà von höchster Güte), Via Mercello Cerruti 23

San Rocco (GE)
Panificio Maccarini (Focacca, Panettone, Farinata), San Rocco 46

Santa Margherita Ligure (GE)
Pescheria Bardi (eingesalzene Sardellen und fangfrischer Fisch), Via Bottaro 22/23;

Seghezzo Filli (Oliven, Käse, Wurstwaren und andere Feinkost aus dem ligurischen Hinterland), Via Cavour 1

Sant' Olcese (GE)
Salumificio Parodi (Salami, Bresaola aus eigener Räucherei), Via Sant' Olcese

Sarzana (SP)
Pasticceria La Fortezza (Focaccia sarzanese mit Pinienkernen und Rosinen), Via Mazzini 20; Biscottificio Falcinello (nicht nur Biscotti), Via San Gottardo 5

Dorffeste, Jahrmärkte und Messen

Ponente

Badalucco (IM)
Stockfischfest, 3. Sonntag im September

Camporosso (IM)
Fest der «Barbagiuai» (fritierte Kürbisravioli), 3. Sonntag im September

Ceriale-Peagna (SV)
Rassegna libri di Liguria (Ligurische Buchmesse), Ende August/Anfang September

Imperia
Fest des «Condiggiun» (Salat aus Kartoffeln, Bohnen, Oliven, Sardellen u.a.), im August

Loano (SV)
Fest der «Crostoli» (fritierte Küchlein), 2. Sonntag im Juli

Molini di Triora (IM)
Schneckenfest, 2. Sonntag im September

Noli (SV)
Regata di Rioni (Ruderwettkampf der verschiedenen Stadtbezirke und historischer Festumzug), 2. Sonntag im September

Perinaldo (IM)
Fest der gefüllten Kürbisblüten, 10.–15. Juni

Pietra Ligure (SV)
Pfirsichfest, im Juli

Pigna (IM)
Sagra del fungo (Pilzfest), Ende September/Anfang Oktober

Spotorno (SV)
«Frizze e mangia» (Fest der gastronomischen Spezialitäten), Juli/August

Taggia (IM)
Fest der Vertreibung der Sarazenen, 2. und 3. Sonntag im Februar

Triora (IM)
Grosser Jahrmarkt, 15. August

Levante

Camogli (GE)
Grosses Fischfest, 2. Sonntag im Mai

La Spezia
Haselnussmesse, 19.–21. März

Lavagna (GE)
Fest der Torta dei Fieschi, 14. August

Pieve Ligure (GE)
Mimosenfest mit Karneval, im Februar

Moneglia (GE)
Olivenölmesse, im März

Rapallo (GE)
Traubenfest, im September

Recco (GE)
Focaccia-Fest, im Juni

Riomaggiore (SP)
Traubenfest, im September

San Lorenzo della Costa (GE)
Auberginenfest, 10. August

Santo Stefano d'Aveto (GE)
Erdbeer- und Waldbeerenfest, im Juli

Sarzana (SP)
Nussfest, im September

Varese Ligure (SP)
Fest der «Sciuette» (kunstvolles Zuckerwerk), im August

Weingüter und Vinotheken

Ponente

Bacchus (Vinothek 🍴)
San Remo (IM), Via Roma 65,
Tel. 0184/530990

Bianchi Maria Donata (Weingut)
Diano Castello (IM),
Via delle Torri,
Tel. 0183/498233

Bruna Riccardo (Weingut)
Ranzo Borgo (IM),
Via Umberto I 81,
Tel. 0183/318082

Cane Giovan Battista (Weingut)
Dolceacqua (IM), Via Roma 21,
Tel. 0184/206120

Colle dei Bardellini (Weingut)
Sant'Agata d'Imperia (IM),
Via Fontanarosa 12,
Tel. 0183/21370

Fèipu dei Massaretti (Weingut)
Bastia d'Albenga (SV),
Regione Massaretti 7,
Tel. 0182/20131

Guglielmi Enzo (Weingut)
Soldano (IM), Corso Verbone 143,
Tel. 0184/289042

Giuncheo (Weingut)
Camporosso, Loc. Giuncheo,
Tel. 0184/288639

Terre Rosse (Weingut)
Finale Ligure, Via Manie 3,
Tel. 019/698782

Genua und Levante

Bisson (Vinothek und Weingut)
Chiavari (GE), Corso Gianelli 28,
Tel. 0185/314462

Bottega del Vino (Vinothek 🍴)
Sestri Levante (GE),
Via Nazionale 530,
Tel. 0185/43349

La Cantina del Polpo
(Vinothek 🍴) *Sestri Levante (GE)*,
Piazza Cavour 2,
Tel. 0185/485296

Cooperativa Agricola di Cinqueterre
(Genossenschaftskellerei)
Riomaggiore (SP),
Località Groppo,
Tel. 0187/920435

Defilla (Vinothek 🍴)
Chiavari (GE), Corso Garibaldi 4,
Tel. 0185/309829

Enoteca Internazionale di Giusti
(Vinothek)
Monterosso al Mare (SP),
Via Roma 62,
Tel. 0187/817278

Enoteca Sola (Vinothek 🍴)
Genova, Via Carlo Barabino 120r,
Tel. 010/594513

Forlini e Cappellini (Weingut)
Manarola (SP), Piazza Duomo 6,
Tel. 0187/920496

Gasparini (Weingut)
Riomaggiore, Via Pecunia 2,
Tel. 0187/920717

Ölmühlen

Badalucco (IM)
Frantoio Roi, Via Argentina 1,
Tel. 0184/408004

Borgomaro (IM)
Frantoio Laura Marvaldi,
Piazza F. Cascione 1,
Tel. 0183/54031

Ceriana (IM)
Frantoio Crespi & Figli,
Corso Italia 81,
Tel. 0184/551013

Diano S. Pietro (IM)
Frantoio Venturino Bartolomeo,
Frazione Borganzo,
Tel. 0183/43247

Lucinasco (IM)
Frantoio Dino Abbo,
Via Roma 2,
Tel. 0183/52411

Pontedassio (IM)
Frantoio Isnardi (und Ardoino),
Via Torino 156,
Tel. 0183/279257

Sehenswürdigkeiten und Museen

Ponente

Albenga (SV)
L'Antico Frantoio dell'Olivo

Imperia
Museo dell'Olivo

Taggia (IM)
Museo di San Domenico

Triora (IM)
Museo Etnografico e della
Stregoneria

Ventimiglia (IM)
Giardini Hanbury

Genua und Levante

Camogli
Museo Marinaro
«Gio Bono Ferrari»

Genova
Aquario di Genova;
Parco Brignole;
Parco Villa Pallavicini;
Cimitero di Staglieno

Fremdenverkehrsbüros

Für die Riviera dei Fiori:
Largo Nuvoloni 1,
18038 San Remo,
Tel. 0184/571571

Für die Riviera delle Palme:
Viale Gibb 26,
17021 Alassio,
Tel. 0182/640346

Für Genova:
Via Roma 11,
16121 Genova,
Tel. 010/541541

Für den Golfo di Tigullio:
Via XXV Aprile 2/b,
16038 S. Margherita Ligure,
Tel. 0185/287486

Für die Cinqueterre
und den Golfo dei Poeti:
Viale Mazzini 47,
19100 La Spezia,
Tel. 0187/770900

Glossar

Aggiadda
Paste aus zerstossenem Brot, Knoblauch, Essig und Kräutern, mit der Fleisch oder Fisch nach dem Braten gewürzt wird.

Baccalà
Eingesalzener Kabeljau, auch Klippfisch genannt, den man vor dem Kochen gut wässern muss. Anders als der Stockfisch, mit dem er oft verwechselt wird, braucht er für die Zubereitung kaum Salz, weil er mit diesem ja konserviert wurde.

Bottarga (oder Butalega)
Eingesalzener, gepresster Fischrogen, den man haudünn aufgeschnitten in einem Salat, zu Melonen oder zu Pasta geniesst.

Bugie – auch Crustoli
In Öl ausgebackene Teigspiralen und Krapfen. Die typischen Fastnachtsküchlein.

Burrida
Ein Mittelding zwischen Fischsuppe und -eintopf. An der benachbarten Côte nennt sich ein ähnliches Gericht «bourride».

Cappon magro
Wörtlich der «Fastenkapaun». Das Gericht soll seinen Namen von den ligurischen Seeleuten erhalten haben, die ihren Schiffszwieback im Meerwasser einweichten, um ihn saftiger zu machen, während die Offiziere bei Kapaun und ähnlichem tafelten. Heute kommen zum Zwieback noch Gemüse und Fisch und darüber eine grüne Sauce.

Castagnaccio
Ein fladenähnlicher Kastanienkuchen, der mit Pinienkernen, Lorbeer und Rosmarin gewürzt wird.

Cima alla genovese
Eine gefüllte Kalbsbrust, die man am besten lauwarm geniesst.

Condiggion (oder Condijun)
Ein Salat, der mit der Salade niçoise Ähnlichkeiten hat, also z. B. mit Tomaten, Gurken, Peperoni, Oliven und Sardellen.

Corzetti stampati
Runde, münzenähnliche Nudeln. Nicht zu verwechseln mit den Corzetti alla polceverasca, die deftiger sind und traditionell mit einer Fleisch- oder Pilzsauce serviert werden.

Farinata
Ein pfannkuchenähnlicher Fladen aus Kichererbsenmehl.

Focaccia
Ein Fladen aus Brotteig mit kleinen Dellen, der entweder nur mit Salz und Olivenöl oder mit Kräutern, Oliven und Käse gewürzt wird.

Fritelle
Die Küchlein in Liguriens Küche schlechthin. Apfelküchlein, Bohnenküchlein, Gemüseküchlein … Hergestellt aus einem einfachen Ausbackteig und natürlich in Olivenöl gebacken.

Pandolce
Eine Art Panettone. Wenn auch flacher und schwerer, da er viele Rosinen, kandierte Früchte und Pinienkerne enthält. Ein traditionelles genuesisches Weihnachtsgebäck.

Pansotti
Die Teigtaschen «mit dem runden Bäuchlein» sind immer «al magro», also fleischlos, und werden stets mit Walnusssauce serviert.

Pesto
Braucht der noch eine Erklärung? – So lesen Sie doch auf Seite 72.

Preboggiòn
Eine Mischung aus den verschiedensten Wildkräutern und Blattgemüsen. Die Zusammensetzung variiert von Jahreszeit zu Jahreszeit.

Prescinsêua
Ein säuerlicher Frischkäse, geschmacklich einem Vollmilchquark ähnlich; in der Konsistenz gleicht er Ricotta. In der ligurischen Küche wird er sehr viel verwendet. Ausserhalb von Ligurien ist er nicht erhältlich, weshalb wir als Ersatz Ricotta empfehlen.

Tomaxelle
Kalbfleischrouladen mit einer Füllung aus gehacktem Kalbfleisch, Innereien, Gemüse, Kräutern, Ei und geriebenem Käse. Ein Genueser Sonntagsgericht.

Trenette
Sehen Spaghetti ähnlich, sind aber Bandnudeln. Klassisch werden sie mit Kartoffelstückchen und Pesto vermischt.

Trofie – oder Troffie
Eine Nudelspezialität aus weichem Kartoffel-Mehl-Teig, die ganz am Rande in die Familie von Spätzle & Co. gehört.

Bibliographie

Ardoino Nanni, *Guida del perfetto assaggiatore di olio*, Camera di Commerco di Imperia, o. J.
Baudo E., *Olea prima omnium arborum est*, Private Sammlung Pietro Isnardi 1996
Beniscelli G., *Liguria sul mare*, Edizioni Esagraph, Cassa di Risparmio di Genova 1983
Bonino M., *Le autentiche ricette della cucina ligure*, e.r.g.a. Genova o. J.
Burton A., *Atlas der italienischen Weine*, Hallwag 1990
Camusso L., *Reisebuch Europa 1492*, Artemis 1990
Degner R., *Olivenöl*, Heyne 1995
Gambero Rosso, *Ristoranti d'Italia 1996*
Gambero Rosso, *Vini d'Italia*, Hallwag 1993/1994
Gavotti G., *Cucina e vini di Liguria*, Sabatelli Editore o.J.
Girani A., *Führer durch die Cinque Terre*, Sagep Genova 1991
Goethe J.W., *Italienische Reise*, München 1981
Guide Alexa, *Enoteche*, Alexa Edizioni 1996
Hennig Ch., *Cinque Terre und die ligurische Küste*, Oase 1988
Legler Rolf, *Die italienische Riviera*, DuMont 1990
Ligurien, *Olivenhaine im Schatten der Castellari*, Edition Spangenberg 1996
Locher M., *Wanderungen in Ligurien*, Bruckmann 1991
Martini D. G., *Pesto & Buridda*, Sabatelli Editore o. J.
Merianheft Italienische Riviera, Hamburg 1984
Montanari M., *Der Hunger und der Überfluss*, Kulturgeschichte der Ernährung in Europa, München 1993
Oddo S., *Sügeli e bügaéli*, Pro Triora Editore 1995
Osterie d'Italia, Italiens schönste Gasthäuser, Edition Spangenberg 1996
Piccinardi Antonio, *Pasta che passione!*, Mondadori 1990
Rebora G., *Colombo a tavola*, Ermes Savona 1992
Schäfer-Schuchardt Horst, *Die Olive*, DA Verlag 1993
Schmuckher A., *La vera cucina di Genova e della Liguria*, G. Monani 1975
Sola Pino u. a., *Album di Liguria*, Sagep, Genova 1993
Veronelli, *I vini di Veronelli*, 1996
Veronelli, *Restaurants in Italien*, Heyne o. J.

Rezeptverzeichnis

Nach italienischen Bezeichnungen

Agnelletto nostrano con carciofi 126
Antipasto mediterraneo 98
Antipasto mare e monti 97
Antipasti dell'orto 52
Antipasto con fichi e bottarga 31
Aspic di frutti del bosco al moscato con salsa di vaniglia 35
Bavete con pescatrice e carciofi 101
Bollito di mare e le sue salsine 28
Bouquet di crostacei agli agrumi mediterranei 63
Branzino al vapore 34
Branzino mediterraneo 34
Bugie 59
Calamaro ripieno alla ligure 27
Calamaretti saltati al Vermentino e rosmarino con fagioli bianchi di Pigna et olive Taggiasca 29
Calamaretti con olive Taggiasca e rosmarino 32
Castagnaccio 126
Cima ripiena 132
Coniglia all'aggiadda 55
Coniglio alla genovese 93
Coppa di frutta fresca con zabaione freddo 103
Corzetti stampati con triglie, pinoli e maggiorana 26
Costine di maiale al forno 133
Cundiun ponentino con gamberoni rossi di Sanremo e bottarga di tonno 23
Farfalline al sugo 57
Farinata all'onegliese 96
Fazzoletti di pasta al basilico con branzino 65
Ficche fresche e salame 88
Focaccia con le olive 40
Focaccine al formaggio 90
Friggione 53
Fritelle di baccalà 131
Frittelle di cipolla novella 97
Frittelle di fagioli 58
Frittelle di mele 94
Frittura alla ligure 55
Funghi porcini fritti 90
Gnocchi di patate alla bottarga di tonno 25
Insalata di carciofi crudi e grano 140
Linguettine con moscardini 32
Lattughe ripiene 91
Melanzane ripiene alla genovese 91
Mele secche fritte 94
Minestrone alla genovese 54
Mosaico di mare al profumo di basilico 60
Moscardini con carciofi 101
Nasello all'ortolano 103
Ovoli in insalata 90

Pandolce antico 127
Pansotti alla salsa di noci 54
Patate e funghi 124
Pere cotte in vino rosso 127
Pesche ripiene 56
Pesto alla genovese 72
Piramide di cioccolato 66
Pizzette 53
Pollo e peperoni 58
Polpo con fagioli di Pigna, sedano e tapenade 29
Pomidori essiccati sott'olio 74
Radici di Chiavari e acciughe sotto sale 122
Raviolini di preboggiòn 92
Rombo chiodato ai funghi porcini 65
Salsiccia con fagioli 133
San Pietro al forno con patate e funghi porcini 28
Sardine al forno 131
Seppie e carciofi 93
Seppie in umido 132
Sottilissima di pesce spada all'olio extra vergine e al rosmarino 22
Spuma ai frutti di bosco 66
Stoccafisso brandacujùn 24
Stoccafisso alla badaluccese 106
Stoccafisso accomodato 125
Stufato di capra e fagioli 125
Tagliolini con capone 33
Terrina di rana pescatrice all'olio extra vergine 62
Tortino di patate 98
Torta di carciofi 130
Torta pasqualina 69
Torta di zucca 99
Trenette al pesto 124
Triglie di scoglio al profumo delle olive Taggiasca e del vino Pigato 63
Trofie al mezzopesto con calamarini o gamberetti 100
Trofiette con code di scampi, pomodoro fresco ed origano 25
Verdure ripiene 52
Zuppa di ceci e fagioli 129
Zuppa di trippe 123
Zuppetta di vongole veraci e gamberoni al peperoncino 24

Nach deutschen Bezeichnungen

Apfelküchlein 94
Artischockenkuchen 130
Artischockensalat mit gehobeltem Parmesan 140
Baccalà-Küchlein 131
Bandnudeln mit grünen Bohnen und Kartoffeln 124
Beeren mit kalter Weinschaumcreme 103
Beerenschaum 66
Birnen in Rotwein 127
Bohnenküchlein 58
Corzetti mit Meerbarben, Pinienkernen und Majoran 26
Eiernudeln mit gedünstetem Knurrhahn und Tomaten 33
Farinata mit Lauchzwiebeln 96
Feigen mit Bottarga 31
Feigen mit Salami 88
Fisch-und-Meeresfrüchte-Terrine mit Olivenöl 62
Focaccia mit Oliven 40
Fritiertes Allerlei 55
Fritierte Küchlein 59
Fritierte Steinpilze 90
Gedeckter Gemüseküchen 69
Gefüllte Auberginen nach Genueser Art 91
Gefüllte Kalbsbrust 132
Gefüllter Kalmar 27
Gefüllter Kopfsalat 91
Gefülltes Gemüse 52
Gefüllte Nudeln mit Nusssauce 54
Gefüllte Pfirsiche 56
Gemüsesuppe mit Pesto 54
Genueser Früchtekuchen 127
Geschmorte Zwiebeln mit Tomaten 53
Getrocknete Tomaten, in Öl eingelegt 74
Huhn mit Peperoni 58
Kaninchen mit Knoblauch 55
Kaninchen mit schwarzen Oliven 93
Kartoffelauflauf 98
Kartoffelgnocchi mit Thunfisch-Bottarga 25
Kartoffeln mit Pilzen 124
Käseküchlein, ausgebackene 90
Kastanienkuchen 126
Kichererbsen-Bohnen-Suppe 129
Kleine Kalmare mit Taggiascaoliven und Rosmarin 32
Küchlein aus gedörrten Äpfeln 94
Kürbiskuchen, gedeckter 99
Kuttelsuppe 123
Mediterranes Bouquet aus Krustentieren und Zitrusfrüchten 63
Meeresmosaik mit dem Duft von Basilikum 60
Milchlamm mit Artischocken 126
Moscato-Gelee mit Wald- und Gartenbeeren 35
Muschel-Garnelen-Suppe 24

Nudelblätter mit Basilikum und Wolfsbarsch 65
Nudeln mit Seeteufel und Artischocken 101
Octopus mit weissen Pigna-Böhnchen, Bleichsellerie und Olivensauce 29
Pesto 72
Petersfisch mit Kartoffeln und Steinpilzen 28
Pilzsalat mit Kaiserlingen 90
Pot-au-feu aus dem Meer mit verschiedenen Saucen 28
Ravioli mit Blattgemüse und Kräutern 92
Salat der Riviera mit roten Mittelmeergarnelen und Thunfisch-Bottarga 23
Sardinen aus dem Ofen 131
Schmetterlingsnudeln mit Tomaten-Fleischsauce 57
Schokoladenpudding 66
Schweinerippchen mit Kartoffeln, im Ofen gebraten 133
Schweinswurst mit Bohnen 133
Schwertfisch-Carpaccio mit Olivenöl und Rosmarin 22
Seehecht mit Gemüse 103
Spaghetti mit Tintenfischchen, Oliven und Tomaten 32
Steinbutt mit Steinpilzen 65
Stockfisch nach der Art von Badalucco 106
Stockfisch mit Oliven, Kartoffeln und Tomaten 125
Stockfischpüree 24
Streifenbarben mit den auserlesenen Aromen der Riviera 63
Tintenfisch mit Artischocken 93
Tintenfisch, geschmorter 132
Tintenfischchen mit Rosmarin, weissen Pigna-Böhnchen und Taggiascaoliven 29
Tintenfischchen mit Bohnen und Oliven 97
Tintenfischchen mit Artischocken 101
Tomatenbrötchen, warme 53
Trofie mit Pesto und Tintenfischen oder kleinen Garnelen 100
Trofiette mit Langustinen, Tomaten und Oregano 25
Verschiedene Vorspeisen mit Gemüse 52
Warmer Salat mit Garnelen und Artischocken 98
Wolfsbarsch, gedämpfter 34
Wolfsbarsch, im Ofen gebraten 34
Wurzelzichorie mit Sardellen 122
Ziegenragout mit Bohnen 125
Zwiebelküchlein 97

© 1998
AT Verlag, Aarau, Schweiz
Fotos: Jean Pierre König, Zürich
Gestaltung: Edith Günter-Biedermann
Lithos und Druck: AZ Grafische Betriebe AG, Aarau
Bindearbeiten: Buchbinderei Burkhardt AG, Mönchaltdorf
Printed in Switzerland

ISBN 3-85502-604-1

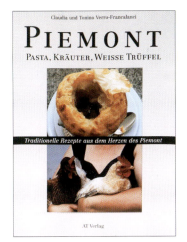

Claudia und Tonino Verro-Francalanci
Piemont – Pasta, Kräuter, weisse Trüffel
Traditionelle Rezepte aus dem Herzen des Piemont
144 Seiten, 90 Farbfotos

Wer Piemont sagt, denkt an die Hügellandschaft südlich des Tanaro, träumt von einer behaglichen Küche, riecht Trüffel und Traubentrester oder lehnt sich ganz einfach zurück im wohligen Gefühl, als Gast willkommen zu sein. Dies alles vermittelt das vorliegende Buch. Die Autorin und «padrona» des bekannten Ristorante La Contea in Neive führt die Leser mit über 110 Rezepten auf eine Entdeckungsreise durch die kulinarische Tradition ihrer Heimat. Sie rührt in einfachen Bauernsuppen ebenso wie in gutbürgerlichen Fleischtöpfen und aristokratischen Cremen. Randnotizen, praktische Tips und Stimmungsbilder runden das Buch ab.

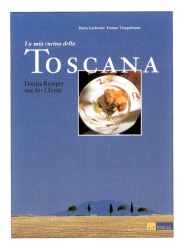

Dania Lucherini Yvonne Tempelmann
La mia cucina Toscana
Danias Rezepte aus der Chiusa
144 Seiten, 100 Farbfotos

Dania Lucherini, Starköchin aus Intuition, präsentiert 75 neue Rezepte, mit denen sie im Restaurant Fattoria La Chiusa in Montefollonico ihre Gäste verwöhnt. Die einfachen toskanischen Gerichte aus der elterlichen Küche und aus der bäuerlichen Umgebung der Colli senesi verwandelt sie mit Geschick und Phantasie in leichte, bekömmliche Kreationen mit ganz eigener Handschrift. Begleitet werden die Rezepte von Geschichten über Produkte und Menschen, die mit der toskanischen Landschaft und Esskultur eng verbunden sind, und von meisterhaften Rezeptfotos und Stimmungsbildern.

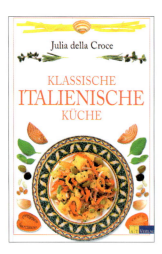

Julia della Croce
Klassische italienische Küche
176 Seiten, durchgehend farbig bebildert

Jede Region Italiens – von der Toskana bis nach Apulien und Kalabrien im Süden und bis zur Lombardei, dem Piemont und Veneto im Norden – hat ihre eigenen, typischen Gerichte. Über 160 Rezepte aus den verschiedenen Regionen zeigen die Vielfalt der italienischen Küche und bringen die Düfte, den Geschmack und die Farben des Südens auf den Tisch. Schritt-für-Schritt-Anleitungen erklären die wichtigsten Vorbereitungsarbeiten und Grundtechniken.

Giuliano Hazan
Klassische Pastaküche
160 Seiten, durchgehend farbig bebildert

Dieses umfassende Pasta-Kochbuch präsentiert die ganze Vielfalt der Teigwarensorten, zeigt, welche Sorten sich für welche Zubereitungsart eignen, gibt ausführliche Anleitungen zur Herstellung hausgemachter Pasta und verführt mit über 100 Rezepten zum Ausprobieren und Geniessen. Die Rezepte reichen von den klassischen Pastasaucen über einfache, schnelle und leichte Gerichte bis hin zu aufwendigeren Kreationen. Ausführliche Schritt-für-Schritt-Anleitungen erklären die wichtigsten Grundtechniken.

Diane Seed
Die hundert besten Pastasaucen
124 Seiten, durchgehend farbig illustriert

Das A und O von Teigwarengerichten ist ihr Begleiter, die Sauce. Dieses Buch (ver)führt Sie zu einer unerschöpflichen Vielfalt ursprünglicher, echt italienischer Gaumenfreuden – vom einfachen, schnellen Gericht für Eilige über abwechslungsreiche, phantasievolle vegetarische Genüsse bis hin zu den kulinarischen Höhenflügen mit Trüffel, Kaviar, Lachs, Teigwarensoufflés und -pasteten. Geordnet nach Zutaten in: Gemüsesaucen, Saucen mit Fisch und Meeresfrüchten, Käsesaucen, Fleischsaucen und Saucen für besondere Anlässe.